Marc Hansmann
Vor dem dritten Staatsbankrott?

D1721686

**Zeitgeschichte
im Gespräch
Band 13**

Herausgegeben vom
Institut für Zeitgeschichte

Redaktion:
Bernhard Gotto, Andrea Löw
und Thomas Schlemmer

Vor dem dritten Staatsbankrott?

Der deutsche Schuldenstaat
in historischer und internationaler
Perspektive

von
Marc Hansmann

2., durchgesehene Auflage

Oldenbourg Verlag München 2012

Bibliografische Information der Deutschen Nationalbibliothek
Die Deutsche Nationalbibliothek verzeichnet diese Publikation in der Deutschen
Nationalbibliografie; detaillierte bibliografische Daten sind im Internet über
http://dnb.d-nb.de abrufbar.

Titelbild: Berlin (Mitte) – Schuldenuhr
Quelle: ullstein bild

© 2012 Oldenbourg Wissenschaftsverlag GmbH, München
Rosenheimer Straße 145, D-81671 München
www.oldenbourg-verlag.de

Konzept und Herstellung: Karl Dommer
Einbandgestaltung: hauser lacour
Satz: Dr. Rainer Ostermann, München
Druck und Bindung: Grafik+Druck GmbH, München
Dieses Papier ist alterungsbeständig nach DIN/ISO 9706

ISBN 978-3-486-71784-6
eISBN 978-3-486-71785-3

Für Meike

Inhalt

I. Einleitung

Seit der Insolvenz der Investmentbank *Lehman Brothers* im Herbst 2008 taumeln einige Staaten, angefangen von Island über Irland bis Griechenland und Portugal, am Rande der Pleite. Mittlerweile müssen nicht nur notorische Bankrotteure wie Argentinien, Irak oder Venezuela, sondern auch Mitgliedstaaten der Europäischen Union hohe Risikoaufschläge für neue Kredite zahlen[1]. Damit aber gewinnt eine alte Erkenntnis neue Aktualität: Selbst für Staaten ist es mitunter schwierig, an frisches Geld zu kommen. Angesichts dieser Entwicklung stellt sich die Frage, ob dieses Schicksal auch Deutschland ereilen könnte. Diese Frage steht im Mittelpunkt des vorliegenden Beitrags, wobei die historische Perspektive, also der Weg in den Schuldenstaat, von besonderer Bedeutung ist[2].

Während die Finanzpolitik regelmäßig die politische Auseinandersetzung und die Berichterstattung in den Medien beherrscht, hat sie für die Geschichtswissenschaft nur einen vergleichsweise geringen Stellenwert. Historiker, die sich schwerpunktmäßig mit deutscher Finanzgeschichte beschäftigen, lassen sich an den Fingern einer Hand abzählen; eine einschlägige Monographie ist erst 2005 erschienen[3]. Im Unterschied zur klassischen Nationalökonomie scheint die Finanzgeschichte auch für die mittlerweile überwiegend mit mathematischen Modellen arbeitenden Volkswirte uninteressant geworden zu sein[4], obwohl ein so bedeutender Ökonom wie Joseph

---

[1] Die Finanzmärkte zweifeln an der Solvenz dieser Staaten. Anlass ist die stark steigende Staatsverschuldung. „The public finances of most countries in the Eurozone are in a worse state today than at any time since the industrial revolution, except for wartime episodes and their immediate aftermaths." Willem Buiter/Ebrahim Rahbari, Greece and the fiscal crisis in the Eurozone, London 2010, S. 1 (CEPR Policy Insight 51). Ende April 2011 lag die Rendite von zweijährigen griechischen Anleihen bei 25,1 Prozent, was einem *Spread*, also dem Unterschied zu den entsprechenden deutschen Anleihen, von 23,3 Prozent entsprach. Vgl. Hannoversche Allgemeine Zeitung vom 20. 4. 2011: „Rekordrendite für griechische Anleihen".
[2] Die Finanzgeschichte der DDR bleibt dabei unberücksichtigt, da ihre Budget- und Steuerstatistiken keine sinnvollen Vergleiche zulassen; das ist bedauerlich, da die DDR ein ausgeprägter Schuldenstaat war, der nicht selten am Rande des Staatsbankrotts stand. Vgl. Lothar Baar/Uwe Müller/Frank Zschaler, Strukturveränderungen und Wachstumsschwankungen. Investitionen und Budget in der DDR 1949 bis 1989, in: Jahrbuch für Wirtschaftsgeschichte 1995/1, S. 47–74, insbesondere S. 55ff.
[3] Vgl. Hans-Peter Ullmann, Der deutsche Steuerstaat. Geschichte der öffentlichen Finanzen, München 2005.
[4] Ausnahmen sind Knut Borchardt und Carl-Ludwig Holtfrerich. Angelsächsische Ökonomen scheinen weniger „geschichtsvergessen" zu arbeiten. Die prominentesten

A. Schumpeter bereits 1918 feststellte: „Die Finanzen sind einer der besten Angriffspunkte der Untersuchung des sozialen Getriebes."[5] Die wissenschaftliche Zurückhaltung gegenüber der Finanzgeschichte ist um so erstaunlicher, als die strukturellen Probleme der Finanzpolitik – insbesondere die hohe Staatsverschuldung, die steigenden Sozialausgaben, das komplizierte Steuerrecht sowie die komplexe föderale Finanzverfassung – Resultate historischer Entwicklungen sind.

In diesem Band sollen jedoch nicht nur die historischen Ursachen der Staatsverschuldung analysiert, sondern auch Ansätze zu ihrer Überwindung aufgezeigt werden. Aus der Geschichte können zwar keine konkreten Handlungsanweisungen abgeleitet werden, doch zeigt die Vergangenheit, welche Ansätze zur Reduzierung der Staatsverschuldung erfolgreich gewesen und welche gescheitert sind. In diesem Zusammenhang gilt es abschließend, die Frage zu erörtern, ob Deutschland ein dritter Staatsbankrott droht.

Beispiele sind der Nobelpreisträger Milton Friedman und der amerikanische Notenbankpräsident Ben S. Bernanke.
[5] Joseph A. Schumpeter, Die Krise des Steuerstaates, in: ders., Aufsätze zur Soziologie, Tübingen 1953, S. 1–71, hier S. 5. Zur Bedeutung von Joseph Schumpeter vgl. Otto O. Weitz (Hrsg.), Bedeutende Ökonomen, München 2008, S. 111–119.

II. Die Entwicklung des Schuldenstaats

1. Staatsbankrotte in Geschichte und Gegenwart

Am Anfang war der Staatsbankrott. Als Napoleon am 27. Oktober 1806 in Berlin einzog, blieben die Verbindlichkeiten der preußischen Krone unbeglichen[1]. Der Staatsbankrott Preußens von 1806 war weder der einzige noch der größte und schon gar nicht der letzte in der deutschen Geschichte. Allein in der ersten Hälfte des 20. Jahrhunderts war der deutsche Nationalstaat zweimal – als Folge der Finanzierung der beiden Weltkriege – insolvent[2].

Staatsbankrotte sind in der Geschichte alles andere als selten. Den Rekord hält Spanien. Als sich das spanische Weltreich noch auf dem Höhepunkt seiner Macht befand, stellte Philipp II. gleich dreimal (1557, 1575 und 1596) die Zinszahlungen ein. Allein im 19. Jahrhundert wiederholte Spanien diese Praxis sechsmal. Auch Frankreichs Weg zur Weltmacht war bis 1789 mit acht Insolvenzen gepflastert. Nach dem Sturm auf die Bastille lehnten die französischen Revolutionäre den Schuldendienst für das alte Regime ebenso ab wie die russischen Revolutionäre 1917. Vermutlich war der russische Staatsbankrott von 1917/18 der größte der Weltgeschichte.

Eine Reihe von Ländern zeigt eine erstaunliche Kontinuität im ruinösen Umgang mit ihren Finanzen. Als Argentinien 2001/02 seine Zahlungen für den Kapitaldienst einstellte, blickte es auf eine lange Tradition vergleichbarer Vorgänge zurück. Ähnlich verhält es sich mit Griechenland: Die griechischen Bankrotte lassen sich seit der Unabhängigkeit des Landes im Jahr 1821 kaum noch zählen.

Die historischen und aktuellen Beispiele verdeutlichen, dass der Staatsbankrott in der Regel einer hohen Verschuldung folgt, die aufgrund von Kriegen, jahrzehntelanger Schuldenwirtschaft oder massiven Währungs-

---

[1] Vgl. Staatsbankrott! Bankrotter Staat? Finanzreform und gesellschaftlicher Wandel in Preußen nach 1806, hrsg. vom geheimen Staatsarchiv Preußischer Kulturbesitz, Berlin 2006, S. 19.

[2] Technisch lag 1923 kein Staatsbankrott vor, da die Schulden zurückgezahlt wurden. Es kann aber von einem „verschleierten" Staatsbankrott gesprochen werden, da die Schulden durch die Hyperinflation entwertet waren. Ein technischer Staatsbankrott lag von 1932 bis 1953 vor, da in dieser Zeit die Altschulden nicht bedient wurden. Vgl. Carmen M. Reinhart, This Time is Different Chartbook: Country Histories on Debt, Default, and Financial Crises, Cambridge/Mass. 2010, S. 50 (NBER Working Paper 15815); hierzu und zum Folgenden vgl. auch Carmen M. Reinhart/Kenneth S. Rogoff, This Time Is Different. Eight Centuries of Financial Folly, Princeton/Oxford 2009.

und Finanzmarktschwierigkeiten entstanden ist. Ab welchem Punkt die Verschuldung zum Bankrott führt, hängt vom Einzelfall ab. Argentinien besaß im Jahr vor seinem letzten Staatsbankrott eine Schuldenquote – verstanden als Anteil der öffentlichen Schulden am Bruttoinlandsprodukt – von gut 64 Prozent[3]. Das ist historisch gesehen sicherlich kein niedriger Wert, aber für eine entwickelte Volkswirtschaft in der heutigen Zeit nicht besorgniserregend hoch. So lag die japanische Schuldenquote 2011 bei über 200 Prozent[4], ohne dass ein Staatsbankrott drohte. Japan ist jedoch gemessen an seinem wirtschaftlichen Potential eines der reichsten Länder der Welt und hat sich im Unterschied zu Argentinien überwiegend im Inland verschuldet.

Adam Smith, der Begründer der Volkswirtschaftslehre, beschrieb bereits 1776, wann es zu einem Staatsbankrott kommt:

„Haben Staatsschulden eine übermäßige Höhe erreicht, so ist, glaube ich, kaum ein einziges Beispiel vorhanden, dass sie ehrlich und voll bezahlt worden wären. Die Be freiung der Staatseinnahmen ist, wenn sie überhaupt zuwege gebracht wurde, stets durch einen Bankrott erfolgt, manchmal durch einen eingestandenen, stets aber einen tatsächlichen, wenn auch verdeckten."[5]

Ein Staatsbankrott liegt laut der klassischen Studie des Nationalökonomen Alfred Manes vor, „sobald die ursprünglich versprochene Verzinsung und Rückzahlung zum Nachteil der Gläubiger ohne deren Einwilligung geändert wird"[6]. Wenn ein Staat einseitig einen *Haircut*, also einen Schuldenschnitt, vornimmt, die Zinszahlungen reduziert, den Zeitraum der Tilgung verlängert oder den Kapitaldienst vollständig einstellt, ist der Bankrott offenkundig. Bevor es dazu kommt, versuchen die meisten Regierungen einen zweiten, vermeintlich eleganteren Weg zu gehen[7]: sie drucken Geldscheine oder treffen andere Maßnahmen zur Erhöhung der Geldmenge. Die Absicht ist klar. Die Inflation soll die Schulden entwerten. Der Staat als der mit Abstand größte Gläubiger profitiert am meisten davon. Gerät die Inflation allerdings außer Kontrolle, droht das Geld seine Funktion als Tauschmittel zu verlieren. Es

---

[3] Vgl. Anne Krueger, Crisis Prevention and Resolution: Lessons from Argentina, Cambridge 2002 (www.imf.org/external/np/speeches/2002/071702.htm).

[4] Vgl. Monatsbericht des Bundesministeriums der Finanzen vom Mai 2012, S. 92.

[5] Adam Smith, Der Wohlstand der Nationen, Frankfurt a.M. 2009, S. 1031; zur Bedeutung von Adam Smith vgl. Weitz (Hrsg.), Bedeutende Ökonomen, S. 1–11.

[6] Alfred Manes, Staatsbankrotte. Wirtschaftliche und rechtliche Betrachtungen, Berlin [2]1919, S. 40f.

[7] Vgl. allgemein Alberto Alesina, The end of large public debts, in: Francesco Giavazzi/Luigi Spaventa (Hrsg.), High Public Debt. The Italian Experience, Cambridge 1989, S. 35–89.

kommt dann, wie in Deutschland 1923/24 und 1948, zum Währungsschnitt, der gleichbedeutend mit einem Staatsbankrott ist.

2. Deutsche Staatsverschuldung im 20. Jahrhundert

Die deutsche Staatsverschuldung im 20. Jahrhundert gleicht einer Achter-
bahnfahrt. Die Finanzierung der beiden Weltkriege trieb die Schuldenquoten
auf jeweils mehrere hundert Prozent[8]. Dieser astronomischen Verschuldung
entledigte sich der deutsche Staat durch Währungsreformen in der Folge
zweier gewaltiger Inflationen[9]. Seit den 1970er Jahren geht es in der Achter-
bahn der Staatsverschuldung wieder aufwärts. Mittlerweile erreicht Deutschland Schuldenquoten, die es zu Friedenszeiten noch nie zuvor gehabt hat.
Selbst nach großen Rüstungsanstrengungen lag die Verschuldung 1913 bei
gut 30 Prozent und 1938 bei 50 Prozent der Wirtschaftsleistung, während
2010 – ohne kriegerische Kraftakte – die Marke von 80 Prozent überschritten wurde.

Nur ein einziges Mal in der deutschen Finanzgeschichte des 20. Jahrhunderts wies die Entwicklung der Schuldenquote eine abnehmende Tendenz auf, und zwar in den 1950er Jahren. Die von Fritz Schäffer (CSU),
Bundesfinanzminister zwischen 1949 und 1957[10], angehäuften Haushaltsüberschüsse wurden als „Juliusturm" berühmt – benannt nach der Zitadelle
in Berlin-Spandau, wo der aus den französischen Reparationen gespeiste
Kriegsschatz des Kaiserreichs gehortet worden war[11]. Wirtschaftswachstum

[8] Vgl. Konrad Roesler, Die Finanzpolitik des Deutschen Reiches im Ersten Weltkrieg,
Berlin 1967; Manfred Zeidler, Die deutsche Kriegsfinanzierung 1914 bis 1918 und
ihre Folgen, in: Wolfgang Michalka (Hrsg.), Der Erste Weltkrieg. Wirkung, Wahrnehmung, Analyse, München/Zürich 1994, S. 415–433; Willi A. Boelcke, Die Kosten
von Hitlers Krieg. Kriegsfinanzierung und finanzielles Kriegserbe in Deutschland
1933–1948, Paderborn 1985.

[9] Vgl. Carl-Ludwig Holtfrerich, Bewältigung der deutschen Staatsbankrotte 1918 und
1945, in: Erhard Kantzenbach (Hrsg.), Staatsüberschuldung. Referate gehalten auf
dem Symposium der Joachim Jungius-Gesellschaft der Wissenschaften Hamburg am
9. und 10. Februar 1996, Göttingen 1996, S. 27–57.

[10] Vgl. Dieter Grosser, Die Rolle Fritz Schäffers als Finanzminister in den ersten beiden Kabinetten Konrad Adenauers, in: Wolfgang J. Mückl (Hrsg.), Föderalismus und
Finanzpolitik. Gedenkschrift für Fritz Schäffer, Paderborn u. a. 1990, S. 67–81, sowie
Christoph Henzler, Fritz Schäffer, 1945–1967. Eine biographische Studie zum ersten
bayerischen Nachkriegs-Ministerpräsidenten und ersten Finanzminister der Bundesrepublik Deutschland, München 1995.

[11] Vgl. Wilhelm Pagels, Der „Juliusturm". Eine politologische Fallstudie zum Verhältnis von Ökonomie, Politik und Recht in der Bundesrepublik, Diss., Hamburg 1979.

und hohe Steuersätze sicherten die Einnahmen, während der Ausbau des Sozialstaats und der Aufbau der Bundeswehr noch keine großen Summen verschlangen. Doch Schäffers sparsame Haushaltspolitik wurde bald als altmodisch diskreditiert. Bereits sein Nachfolger Franz Etzel (CDU) agierte „hart am Rande des Defizits"[12]. Der Verlauf der Schuldenquote wies in den 1960er Jahren aufgrund des hohen Wirtschaftswachstums und der relativ niedrigen Neuverschuldung dennoch nur eine leicht steigende Tendenz auf. Der endgültige Weg in den Schuldenstaat begann in den 1970er Jahren. Die langsamer wachsenden Steuereinnahmen reichten nicht mehr, um die politisch gewünschten Mehrausgaben zu decken. Den Verwerfungen der Weltwirtschaft begegnete man mit immer neuen Konjunkturpaketen, die jedoch keinen nachhaltigen Erfolg brachten. In den 1980er Jahren erfolgte eine Konsolidierung[13], bevor die Wiedervereinigung die Schuldenquote ab 1990 in ungeahnte Höhen trieb. In nur sechs Jahren, also von 1989 bis 1995, verdoppelte sich die Staatsschuld von 500 Milliarden Euro auf eine Billion Euro[14]. Die stark steigende Schuldenquote der 1990er Jahre war das problematische Ergebnis des hohen Kreditanteils an der Finanzierung der deutschen Einheit[15].

Erst unter Finanzminister Hans Eichel (SPD) schien die Haushaltskonsolidierung voranzukommen. Das ehrgeizige Ziel eines im Jahr 2006 ausgeglichenen Haushalts, die Durchsetzung eines weitreichenden Sparpakets

---

[12] Dietrich Yorck, Franz Etzel als Finanzpolitiker, in: Historisch-politische Mitteilungen 2 (1995), S. 173–187, hier S. 181 und S. 183. Vgl. auch Alexander Nützenadel, Stunde der Ökonomen. Wissenschaft, Politik und Expertenkultur in der Bundesrepublik 1949–1974, Göttingen 2005, S. 263 und S. 267.

[13] Vgl. Ulrich Suntum, Finanzpolitik in der Ära Stoltenberg, Bochum 1989, S. 30.

[14] Vgl. Finanzen und Steuern. Fachserie 14, Reihe 5: Schulden der öffentlichen Haushalte 2009, hrsg. vom Statistischen Bundesamt, Wiesbaden 2010, Tabelle 1.1.1. Erläuterung: Schulden einschließlich Kassenkredite.

[15] Die Finanzierung der deutschen Einheit über Kredite wird in der Wissenschaft überwiegend kritisch gesehen. Vgl. z.B. Gerhard A. Ritter, Der Preis der deutschen Einheit. Die Wiedervereinigung und die Krise des Sozialstaats, München 2., erweiterte Aufl. 2007; Reimut Zohlnhöfer, Der lange Schatten der schönen Illusion: Finanzpolitik nach der deutschen Einheit, 1990–1998, in: Leviathan 28 (2000), S. 14–38; Roland Sturm, Die Wende im Stolperschritt. Eine finanzpolitische Bilanz, in: Göttrik Wewer (Hrsg.), Bilanz der Ära Kohl. Christlich-liberale Politik in Deutschland 1982–1998, Opladen 1998, S. 183–200; Wolfgang Kitterer, Rechtfertigung und Risiken einer Finanzierung der deutschen Einheit durch Staatsverschuldung, in: Karl-Heinrich Hansmeyer (Hrsg.), Finanzierungsprobleme der deutschen Einheit, Bd. 1: Staatsverschuldung, EG-Regionalfonds, Treuhandanstalt, Berlin 1993, S. 39–76. Dagegen Walther Otremba, Finanzpolitik 1989–1998 – die Dämme haben gehalten, in: Wirtschaftsdienst 79 (1999), S. 18–26.

Abbildung 1: Entwicklung der Schuldenquote Deutschlands, 1913–2010[16]

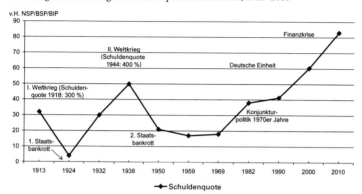

und der überraschend hohe Erlös aus der Versteigerung von neuen Mobilfunklizenzen ließ die Presse wahlweise vom „eisernen Hans", „Hans Blair" oder „Hans im Glück" sprechen[17]. Doch das Glück war – wie so häufig bei Finanzministern – nur flüchtig. Dem Boom der *New Economy* folgte eine quälend lange Rezession, die zu hohen Haushaltsdefiziten führte[18]; 2006 wurde die Schulden-Marke von 1,5 Billionen Euro durchbrochen[19]. Statt

---

[16] Für die Jahre 1913, 1924, 1932, 1938, 1950, 1969 und 1982 vgl. Friedrich-Wilhelm Henning, Staatsfinanzen in historischer Perspektive, in: Klaus-Dirk Henke (Hrsg.), Zur Zukunft der Staatsfinanzierung, Baden-Baden 1999, S. 35–71, hier S. 64; für 1959 vgl. Rolf Caesar, Öffentliche Verschuldung in Deutschland seit der Weltwirtschaftskrise: Wandlungen in Politik und Theorie, in: Dietmar Petzina (Hrsg.), Probleme der Finanzgeschichte des 19. und 20. Jahrhunderts, Berlin 1989, S. 9–55, hier S. 22; für die Jahre 1990, 2000 und 2010 vgl. Monatsbericht des Bundesministeriums der Finanzen vom Mai 2012, S. 92.

[17] Vgl. Finanzpolitische Leitplanken. Sieben Wegweiser für eine zukunftsfähige, gerechte und europataugliche Finanzpolitik, hrsg. vom Bundesministerium der Finanzen, Berlin 2000. Als Beispiel für das positive Presseecho vgl. Der Spiegel vom 13. 11. 2000, S. 168ff.

[18] Vgl. Werner Eichhorst/Klaus F. Zimmermann, Wirtschaftspolitische Bilanz der rot-grünen Bundesregierung, in: APuZ 43/2005, S. 11–17; Achim Truger, Rot-grüne Steuerreformen. Finanzpolitik und makroökonomische Performance – was ist schief gelaufen?, in: Eckhard Hein/Arne Heise/Achim Truger (Hrsg.), Finanzpolitik in der Kontroverse, Marburg 2004, S. 169–208; Reimut Zohlnhöfer, Rot-grüne Finanzpolitik zwischen traditioneller Sozialdemokratie und neuer Mitte, in: Christoph Egle/Tobias Ostheim/Reimut Zohlnhöfer (Hrsg.), Das rot-grüne Projekt. Eine Bilanz der Regierung Schröder 1998–2002, Wiesbaden 2003, S. 193–214.

[19] Vgl. Finanzen und Steuern, 14/5, Tabelle 1.1.1. Erläuterung: Schulden einschließlich Kassenkredite.

eines ausgeglichenen Haushalts erhielt Eichel blaue Briefe aus Brüssel, da die in Maastricht verbindlich vereinbarte Defizithöchstquote von drei Prozent des Bruttoinlandsprodukts mehrfach überschritten wurde. Erst unter Peer Steinbrück (SPD) verbesserte sich die Haushaltslage merklich. Allerdings kam der Bundeshaushalt selbst in den Steuerboomjahren 2007 und 2008 nicht ohne eine Nettoneuverschuldung aus. Die positive Entwicklung der Bundesfinanzen wurde nicht durch Kürzungen auf der Ausgabenseite erzielt[20], sondern lag vor allem an den stark steigenden Einnahmen infolge der guten Konjunkturentwicklung und der um drei Prozentpunkte erhöhten Mehrwertsteuer. Die im Herbst 2008 einsetzende Wirtschafts- und Bankenkrise beendete diese Entwicklung jäh. Die Schuldenaufnahme im Jahr 2010 war mit 44 Milliarden Euro zwar um 45 Prozent niedriger als geplant, aber „gleichwohl die höchste Neuverschuldung in der Geschichte der Bundesrepublik Deutschland"[21].

Häufig wird übersehen, dass die Kreditmarktschulden nur einen Teil der Verbindlichkeiten der öffentlichen Hand ausmachen. Daher ist im Rahmen der Generationenbilanzierung versucht worden, die gesamten staatlichen Verpflichtungen zu berechnen. Diese implizite Staatsverschuldung, für die eigentlich Rücklagen zu bilden wären, überstieg 2005 in Deutschland, Frankreich und den USA das Bruttoinlandsprodukt um ungefähr das Zweifache und liegt damit deutlich höher als die Verschuldung am Kreditmarkt[22]. Hingegen besaß die Schweiz überhaupt keine implizite Staatsverschuldung, während Großbritannien zwar eine geringe explizite, aber mit 500 Prozent des Bruttoinlandsprodukts eine extrem hohe implizite Staatsverschuldung verzeichnete.

Die mit der steigenden Lebenserwartung einhergehende längere Rentenbezugsdauer wirkt sich generell belastend auf die Generationenbilanz aus. Die Staaten, die die Rentenansprüche bereits reduziert und die Steigerungsraten auf die eine oder andere Weise gekappt haben, vermochten ihre implizite Verschuldung deutlich zu senken. Durch die Alterung der Gesellschaft steigen zudem die Kosten auf dem Gesundheitssektor. Die USA haben auf-

[20] Vgl. Maximilian Grasl/Markus König, Von außen getrieben. Die Finanzpolitik der Großen Koalition 2005–2009, in: Christoph Egle/Reimut Zohlnhöfer (Hrsg.), Die zweite Große Koalition. Eine Bilanz der Regierung Merkel 2005–2009, Wiesbaden 2010, S. 205–233, hier S. 229.
[21] Pressemitteilung Nr. 1/2011 des Bundesministeriums der Finanzen.
[22] Vgl. Bernd Raffelhüschen/Stefan Moog/Christoph Müller, Ehrbare Staaten? Die deutsche Generationenbilanz im internationalen Vergleich: Wie gut ist Deutschland auf die demografische Herausforderung vorbereitet?, Berlin 2010, S. 7.

grund ihrer wachsenden und relativ jungen Bevölkerung weniger ein Rentenproblem als vielmehr ein Problem mit ihrem Gesundheitssystem. Die Finanzierung der Gesundheitsausgaben für die *working poor* ist ein Hauptbelastungsfaktor für die amerikanische Generationenbilanz. Nicht zufällig beschäftigte sich Barack Obama gleich zu Beginn seiner Präsidentschaft vor allem mit dieser Problematik.

3. Vergleichspunkte: Die USA und Großbritannien

Die Entwicklung der amerikanischen Staatsverschuldung ist stark geprägt von Kriegen. Das fing an mit dem Unabhängigkeitskrieg gegen Großbritannien, der auch deshalb gewonnen wurde, weil die neu gegründeten Vereinigten Staaten von Amerika in einem erheblichen Umfang Ressourcen auf dem Finanzmarkt zu mobilisieren vermochten; dies war nicht zuletzt ein Verdienst des ersten amerikanischen Finanzministers Alexander Hamilton[23]. Die hohe Kreditfähigkeit der USA war auch innenpolitisch von großer Bedeutung, da es den Bürgern, die immerhin gerade gegen englische Steuern und Zölle rebelliert hatten, kaum zuzumuten war, den Krieg ausschließlich über Steuern zu finanzieren. Der Bürgerkrieg und der Erste Weltkrieg schraubten die Schuldenquote auf jeweils fast 40 Prozent. Nach beiden Kriegen wurden die Haushalte ausgeglichen und Altschulden getilgt. Erst in Folge der Weltwirtschaftskrise entstanden größere Defizite. Franklin D. Roosevelts *New Deal* setzte zwar auf einen Ausbau des Sozialstaats und groß angelegte Arbeitsbeschaffungsmaßnahmen, nicht aber auf keynesianisches *Deficit spending*[24]. Die Verschuldung explodierte erst, als die USA in den Zweiten Weltkrieg eintraten. Innerhalb von wenigen Jahren verdreifachte sich die Schuldenquote von 40 auf 120 Prozent.

Die amerikanische Entwicklung von 1945 bis 1975 ist ein anschauliches Beispiel dafür, wie ein Staat aus seinen Schulden herauswachsen kann. Der lang anhaltende Wirtschaftsboom, Inflation[25], eine niedrige Neuverschuldung und mitunter Haushaltsüberschüsse sorgten dafür, dass die Schuldenquote wieder unter 40 Prozent sank. Selbst die von Lyndon B. Johnson eingeführten

---

[23] Vgl. Robert E. Wright, One nation under debt. Hamilton, Jefferson, and the History of What We Owe, New York u. a. 2008, S. 123–160; zum Folgenden vgl. ebenda, S. 42.

[24] Vgl. Price Fishback, US monetary and fiscal policy in the 1930s, in: Oxford Review of Economic Policy 26 (2010), S. 385–413, hier S. 386 und S. 401–407.

[25] Vgl. Joshua Aizenman/Nancy Marion, Using Inflation to Erode the U.S. Public Debt, Cambridge/Mass. 2009 (NBER Working Paper 15562).

Abbildung 2: Entwicklung der Schuldenquote der USA, 1792–2015

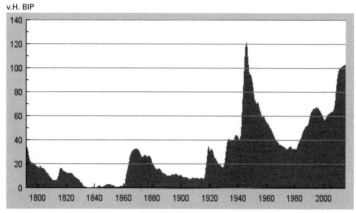

jpgraph   usgovernmentspending.com

Sozialprogramme[26] und der Vietnamkrieg führten nicht dazu, dass die Schuldenquote deutlich wuchs. Allerdings stieg die Inflation an, was letztlich 1971/73 zum Scheitern des Weltwährungssystems von Bretton Woods führte[27].

Erst der Rüstungskeynesianismus unter Ronald Reagan – also bewusst in Kauf genommene Haushaltsdefizite, die vor allem durch Steuersenkungen und durch den forcierten Rüstungswettlauf mit der Sowjetunion entstanden sind – ließ die Schuldenquote mit Beginn der 1980er Jahre deutlich steigen[28]. Ende der 1990er Jahre wurden das erste Mal wieder Haushaltsüberschüsse erzielt. Bill Clintons Finanzminister Larry Summers rechnete sogar

---

[26] Vgl. Franz-Xaver Kaufmann, Der deutsche Sozialstaat im internationalen Vergleich, in: Geschichte der Sozialpolitik in Deutschland seit 1945, Bd. 1: Grundlagen der Sozialpolitik, hrsg. vom Bundesministerium für Arbeit und Sozialordnung und dem Bundesarchiv, Baden-Baden 2001, S. 799–989, hier S. 864.

[27] In Bretton Woods wurde 1944 ein festes Wechselkurssystem mit dem auf Gold basierenden Dollar als Leitwährung vereinbart. 1971 gaben die USA die Goldbindung des Dollars auf. 1973 fand das System von Bretton Woods auch formell sein Ende. Die Währungen sind seit 1971/73 nicht mehr in festen Wechselkursen miteinander verbunden, sondern *floaten* frei. Vgl. Harold James, Rambouillet, 15. November 1975. Die Globalisierung der Wirtschaft, München 1997, S. 131 ff., sowie Barry Eichengreen, Vom Goldstandard zum Euro. Die Geschichte des internationalen Währungssystems, Berlin 2000, S. 176–182.

[28] Vgl. Uwe Wagschal/Georg Wenzelburger, Haushaltskonsolidierung, Wiesbaden 2008, S. 114 ff. und Abbildung 2.

stolz vor, bis wann sich die USA komplett entschuldet hätten. Die amerikanische Schuldenquote sank zwischen 1993 und 2001 um 17 Prozentpunkte. Für den Demokraten Bill Clinton besaß das Ziel des Haushaltsausgleichs einen höheren Stellenwert als für seine republikanischen Vorgänger und seinen republikanischen Nachfolger.

Die jüngere US-Geschichte ist ein gutes Beispiel, wie schnell sich finanzpolitische Vorzeichen ändern können. Die in absoluten Zahlen riesigen Haushaltsdefizite in der Regierungszeit von George W. Bush führten zunächst zu keiner auffälligen Erhöhung der Schuldenquote, da die amerikanische Wirtschaft stark wuchs. Die Gründe für die Haushaltsdefizite sind vor allem in dem 2001 proklamierten Krieg gegen den Terrorismus und den Steuersenkungen zu suchen. Erst seit der 2007 einsetzenden Rezession und der folgenden Finanzkrise stieg die Schuldenquote beinahe exponentiell. Mit dem *Deficit spending* wurde eine aktive Konjunkturpolitik finanziert, die verhindern sollte, dass die amerikanische Wirtschaft völlig abstürzte. Zudem verschlang die Stützung der Banken- und Versicherungsbranche sowie wichtiger Unternehmen der sogenannten Realwirtschaft enorm viel Geld.

Die Entwicklung der britischen Schuldenquote wurde vom 17. Jahrhundert bis zur Mitte des 20. Jahrhunderts geprägt vom Kampf gegen Frankreich und Deutschland. Nicht zufällig beginnt die folgende Abbildung zur Entwicklung der britischen Schuldenquote mit dem Jahr 1688. Mit der „Glorreichen Revolution" wurden die Eigentumsrechte endgültig bestätigt. Das Parlament garantierte seitdem die Staatsschuld und ließ sich fortan nicht mehr bei der Steuerpolitik übergehen[29].

Wenig später wurde zudem die *Bank of England* gegründet. Als Ergebnis der „Glorreichen Revolution" war der englische Staat fast unbegrenzt kreditwürdig[30], während die Zahlungsmoral der absolutistischen Könige Frankreichs als nicht besonders hoch eingestuft wurde. Zudem erhöhte die frühe Parlamentarisierung die englische Steuermoral und begünstigte den Aufbau einer

---

[29] Vgl. Hans-Christoph Schröder, Die Revolutionen Englands im 17. Jahrhundert, Frankfurt a. M. 1986, S. 233–235.
[30] Vgl. Douglass C. North/Barry R. Weingast, Constitutions and Commitment: The Evolution of Institutions Governing Public Choice in Seventeenth-Century, in: The Journal of Economic History 49 (1989), S. 803–832. Die These von North und Weingast problematisiert Ron Harris, Government and the economy, 1688–1850, in: Roderick Floud/Paul Johnson (Hrsg.), The Cambridge Economic History of Modern Britain, Bd. 1: Industrialisation, 1700–1860, Cambridge ⁴2008, S. 204–237, hier S. 226–235.

Abbildung 3: Entwicklung der Schuldenquote Großbritanniens, 1688–2010[31]

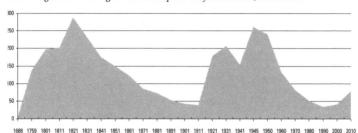

professionellen Steuerverwaltung[32]. Am Ende besiegte Großbritannien Frankreich in den zahlreichen Kriegen bis 1815 und wurde zur unumstrittenen Weltmacht, weil es seine finanziellen Ressourcen weit besser und in einem weit höheren Umfang mobilisieren konnte[33]. Zudem beschleunigte der frühe Aufbau des britischen Finanzmarkts die Industrielle Revolution[34] und schuf eine Branche, die bis heute von zentraler Bedeutung für die britische Wirtschaft ist.

Die Leistungsfähigkeit des britischen Finanzsystems zeigte sich daran, dass es nach dem Siebenjährigen Krieg, dem amerikanischen Unabhängigkeitskrieg und den napoleonischen Kriegen eine Schuldenquote von fast 300 Prozent zu finanzieren vermochte. Eiserne Haushaltsdisziplin und hohes Wirtschaftswachstum sorgten dafür, dass diese Schuldenquote im 19. Jahrhundert kräftig sank. Auch nach dem Ersten Weltkrieg verschwendete die britische Politik keinen Gedanken daran, die Schulden durch Inflation oder gar einen Währungsschnitt loszuwerden. Im Gegenteil, durch Deflation und Haushaltsausgleich gelang es Schatzkanzler Winston Churchill im Jahr 1925, den Goldstandard wieder zum Vorkriegskurs einzuführen. Der Preis dafür war allerdings hoch: Die Arbeitslosigkeit blieb während der gesamten Zwischenkriegszeit drückend, und die sozialen Spannungen kulminierten im Generalstreik von 1926. Bereits 1931 musste Großbritannien den Gold-

---

[31] Für die Jahre bis 1990 vgl. Albrecht Ritschl, Sustainability of High Public Debt: What the Historical Record Shows, London 1996, S. 21 (CEPR Discussion Papers 1357); für 2000 und 2010 vgl. den Monatsbericht des Bundesministeriums der Finanzen vom Januar 2011, S. 87.

[32] Vgl. John Brewer, The Sinews of Power. War, Money and the English State, 1688–1783, London 1988.

[33] Vgl. Paul Kennedy, Aufstieg und Fall der großen Mächte. Ökonomischer Wandel und militärischer Konflikt von 1500 bis 2000, Frankfurt a.M. 1989, S. 137–146.

[34] Vgl. North/Weingast, Constitutions and Commitment, S. 831.

standard wieder aufgeben, was sich auf die wirtschaftliche Entwicklung der 1930er Jahre allerdings positiv auswirkte[35].

Ähnlich wie im Deutschen Reich stellte sich auch für Großbritannien die Frage, ob ein *Deficit spending* statt des harten Sparkurses die richtige Antwort auf die Weltwirtschaftskrise gewesen wäre. In Großbritannien gab es zumindest eine politische Alternative, da die Liberalen – beraten und unterstützt von John Maynard Keynes[36] – mit dem Slogan in den Wahlkampf von 1929 gezogen sind: „We can conquer unemployment"[37]. In den 1930er Jahren setzte ein Aufschwung ein, aber wie in den USA und Deutschland sorgte erst die überwiegend kreditfinanzierte Aufrüstung für Vollbeschäftigung[38].

Die Finanzierung des Zweiten Weltkriegs ließ die Schuldenquote auf über 250 Prozent empor schnellen. Inflation[39] und günstige weltwirtschaftliche Rahmenbedingungen ermöglichten nach Kriegsende eine relativ schmerzfreie Reduzierung der Schuldenquote, auch wenn die goldenen Jahrzehnte nach dem Zweiten Weltkrieg in Großbritannien weniger ausgeprägt waren als beispielsweise in den USA oder Westdeutschland und das britische Pfund häufiger abgewertet werden musste[40]. Ein keynesianischer

[35] Vgl. allgemein Barry Eichengreen, Golden Fetters. The Gold Standard and the Great Depression, 1919–1939, New York/Oxford 1992.

[36] Vgl. John Maynard Keynes, Can Lloyd George Do It?, in: The Collected Writings of John Maynard Keynes, Bd. 9: Essays in Persuasion, Cambridge 1972, S. 86–125. Zur Bedeutung von John Maynard Keynes vgl. Weitz (Hrsg.), Bedeutende Ökonomen, S. 129–140.

[37] Laut Berechnungen von Dimsdale und Horsewood wären bei einem groß angelegten Konjunkturprogramm zwar nicht 500000 zusätzliche Arbeitsplätze entstanden, wie von Keynes vorhergesagt, aber immerhin 330000. Vgl. Nicholas H. Dimsdale/Nicholas Horsewood, Fiscal policy and employment in interwar Britain: some evidence from a new model, in: Oxford Economic Papers 47 (1995), S. 369–396. Eher skeptisch: Roger Middleton, Towards the managed economy: Keynes, the Treasury and the fiscal policy debate of the 1930s, London 1985, sowie Roger Middleton, British monetary and fiscal policy in the 1930s, in: Oxford Review of Economic Policy 26 (2010), S. 414–441.

[38] Vgl. Barry Eichengreen, The British economy between the wars, in: Floud/Johnson (Hrsg.), Cambridge Economic History of Modern Britain, Bd. 1, S. 314–343, hier S. 337.

[39] Vgl. Barry Eichengreen u.a., Public Debts: Nuts, Bolts and Worries, London 2011, S. 62.

[40] Vgl. Tom Clark/Andrew Dilnot, British fiscal policy since 1939, in: Roderick Floud/ Paul Johnson (Hrsg.), The Cambridge Economic History of Modern Britain, Bd. 3: Structural Change und Growth, 1939–2000, Cambridge ³2009, S. 368–398, hier S. 383–385 und S. 387f.

Ansatz dominierte die Finanz- und Wirtschaftspolitik der 1950er und 1960er Jahre.

Hohe Inflationsraten, große Schwierigkeiten mit der Währung, steigende Arbeitslosigkeit, ständige Streiks und der *Decline* der britischen Wirtschaft prägten die Finanzpolitik der 1970er Jahre. Premierminister James Callaghan stellte bereits 1976 auf einem Parteitag seiner *Labour Party* das Ende der „cosy world [...] where full-employment would be guaranteed by a stroke of the Chancellor's pen" fest[41]. Zum endgültigen Kurswechsel kam es 1979 mit der Wahl von Margaret Thatcher[42]. Nicht mehr John Maynard Keynes, sondern Friedrich von Hayek und Milton Friedman waren nun die Ökonomen der Zeit[43]. Die finanz- und wirtschaftspolitische Agenda wurde dominiert von Privatisierung, Deregulierung, Inflationsbekämpfung, Steuersenkungen und Kürzungen der Sozialleistungen. Diese Politik wurde später auch durch Tony Blair im Grunde nicht in Frage gestellt. Allerdings stiegen unter *New Labour* die öffentlichen Ausgaben; damit wuchs aber auch der staatliche Sektor erheblich, was teilweise über Steuererhöhungen und ab 2000 vor allem über Neuverschuldung finanziert wurde[44].

Die wirtschaftlichen Rahmenbedingungen waren für die *Labour*-Regierung günstig. Während Blairs Amtszeit wuchs die britische Wirtschaft zumeist deutlich kräftiger als die deutsche und französische. Die gute Konjunkturentwicklung basierte im Wesentlichen auf dem Finanz- und Immobiliensektor. Die Schuldenquote sank auf rund 40 Prozent – ein Wert, der für Schatzkanzler Gordon Brown „a ‚stable and prudent' level" war und nicht überschritten werden sollte[45]. Die Lage änderte sich jedoch schlagartig mit der Wirtschafts- und Bankenkrise, die in Großbritannien bereits 2007 einsetzte. Allein um den Bankensektor zu retten, musste das Vereinigte Königreich weit mehr öffentliche Gelder einsetzen als seine europäischen Nachbarn[46]. Innerhalb von nur vier Jahren wuchs die britische Schuldenquote von 44,5 auf 77,8 Prozent im Jahr 2010 und überholte damit diejenige Deutschlands[47].

---

[41] Zit. nach Clark/Dilnot, British fiscal policy since 1939, S. 390.

[42] Zur britischen Finanzpolitik von 1979 bis 2007 vgl. Reimut Zohlnhöfer, Globalisierung der Wirtschaft und finanzpolitische Anpassungsreaktionen in Westeuropa, Baden-Baden 2009, S. 61–140.

[43] Vgl. Weitz (Hrsg.), Bedeutende Ökonomen, S. 141–148 und S. 169–178.

[44] Vgl. Zohlnhöfer, Globalisierung der Wirtschaft, S. 119–125.

[45] Zit. nach Clark/Dilnot, British fiscal policy since 1939, S. 394.

[46] Vgl. Yvonne Estherházy, Großbritannien und die Folgen der Finanzkrise, in: APuZ 49/2010, S. 40–46.

[47] Vgl. Monatsbericht des Bundesministeriums der Finanzen vom Januar 2011, S. 87.

Die USA und Großbritannien haben im Unterschied zu Deutschland nie einen Staatsbankrott erklärt und nie ihre Währung riskiert. Aus den hohen, vor allem aus Kriegen stammenden Schulden wuchsen beide Staaten heraus. Eine lange Zeit auf Haushaltsausgleich orientierte Finanzpolitik unterstütze diesen Prozess.

III. Verschuldungspolitik

1. Ziele der Staatsverschuldung

Eine Privatperson, ein Unternehmen oder eine Gebietskörperschaft nimmt Kredite mit dem Ziel auf, zusätzliche Handlungsspielräume zu gewinnen. Konsum- und Investitionsausgaben können durch Schuldenaufnahme früher getätigt und müssen nicht erst angespart werden. Dafür ist ein Preis in Form von Zinsen an die Bank zu zahlen. Selbstverständlich muss der Kredit auch getilgt werden. Doch Staat und Kommunen zahlen faktisch ihre Schulden nicht zurück. Nicht zufällig wird immer nur von der Entwicklung der (Netto-) Neuverschuldung gesprochen, die sich aus der Bruttokreditaufnahme abzüglich der Tilgung errechnet. Der Einzelkredit muss natürlich auch von der öffentlichen Hand zurückgezahlt werden, aber im Ergebnis wird nur umgeschuldet. Die Kreditaufnahme in Höhe der Tilgung gilt als gesetzt. Dabei handelt es sich um keine geringen Größenordnungen. Allein der Bund tilgte im Jahr 2007 über 216 Milliarden Euro, während die Zinsen bei knapp 39 Milliarden Euro lagen[1].

Die Stadt Hannover verfolgt – von wenigen Ausnahmen abgesehen – seit Anfang der 1980er Jahre die Strategie der Nettoneuverschuldung-Null[2]. Aber mittels der Kreditaufnahme in Höhe der Tilgung hat sie seit Jahrzehnten einen Großteil ihrer Investitionen finanziert, obwohl im Ergebnis der Schuldenstand nicht steigt. Daher ist Hannover in der Schuldenstatistik vom Spitzenplatz im Jahr 1978[3] mittlerweile ins Mittelfeld abgerutscht. In der Praxis bedeutet die Kreditaufnahme in Höhe der Tilgung, dass der Kredit aus dem Jahr 1971, mit dem möglicherweise ein Feuerwehrauto angeschafft wurde, immer weiter verlängert beziehungsweise umgeschuldet wurde. Das Feuerwehrauto ist hingegen schon lange abgeschrieben und hoffentlich auch verschrottet. Dieses Beispiel zeigt, dass die öffentlichen Kredite nicht objekt-

---

[1] Vgl. Finanzplan des Bundes 2008 bis 2012, S. 64 (Tabelle 11) und S. 36 (Schaubild 8). Die „Anschlussfinanzierung", also die Neuverschuldung in Höhe der Tilgung, betrug übrigens „nur" 215 Milliarden Euro, da 0,7 Milliarden Euro aus den Mehreinnahmen beim Bundesbankgewinn direkt zur Tilgung eingesetzt wurden.

[2] Vgl. hierzu und zum Folgenden Marc Hansmann, Kommunalfinanzen im 20. Jahrhundert. Zäsuren und Kontinuitäten: Das Beispiel Hannover, Diss., Hannover 2000, insbesondere S. 234–238.

[3] Vgl. Die Entwicklung der Gemeindefinanzen seit Mitte der siebziger Jahre, in: Monatsberichte der Deutschen Bundesbank 32/1 (1980), S. 18–26, hier S. 24.

bezogen aufgenommen werden[4]. Vielmehr werden im Haushaltsplan verbleibende Finanzierungslücken einfach mit Krediten aufgefüllt. Das Hauptproblem der öffentlichen Verschuldung liegt allerdings nicht in der fehlenden Fristenkongruenz zwischen Finanzierung und Abschreibung beziehungsweise Nutzungsdauer, sondern wird aus nachstehender Abbildung deutlich:

Abbildung 4: Entwicklung der Nettoneuverschuldung und Zinsausgaben sämtlicher Gebietskörperschaften, 1965–2005[5]

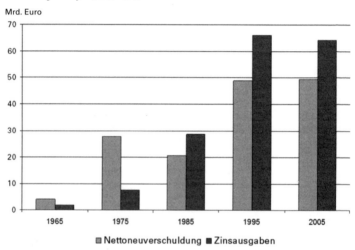

Mrd. Euro

◻ Nettoneuverschuldung ◼ Zinsausgaben

Die Schuldenaufnahme dient seit Jahrzehnten nur noch zur Finanzierung der Zinsen und eröffnet keine Handlungsspielräume mehr. Das war 1975 noch anders. Damals überstieg die Neuverschuldung die Zinsausgaben noch bei weitem und ermöglichte der Bundesregierung zusätzliche Ausgaben[6]. Zehn Jahre später hatte sich das Verhältnis aber bereits gedreht. Seitdem dient die Neuverschuldung in der Regel nur noch dazu, die Zinsen für die aufgelaufenen Schulden zu bezahlen. Mit den neuen Schulden werden also

---

[4] Vgl. Horst Zimmermann, Kommunalfinanzen. Eine Einführung in die finanzwissenschaftliche Analyse der kommunalen Finanzwirtschaft, Baden-Baden 1999, S. 204.

[5] Vgl. Stefan Bajohr, Grundriss Staatliche Finanzpolitik. Eine praktische Einführung, Wiesbaden [2]2007, S. 211 (Abbildung 24).

[6] Im Jahr 1975 war allerdings das Finanzierungssaldo mit -5,6 Prozent das in Relation zum Bruttoinlandsprodukt negativste in der Geschichte der Bundesrepublik. Vgl. den Monatsbericht des Bundesministeriums der Finanzen vom Mai 2009, S. 100.

die Schulden der Vergangenheit bezahlt; zusätzlich müssen Steuermittel eingesetzt werden. Das schränkt den Handlungsspielraum für Ausgaben noch weiter ein; denn ohne die Zinsausgaben könnten diese Steuereingänge vollständig für öffentliche Aufgaben eingesetzt werden. Aus politischer Sicht ist die Steuerfinanzierung des Kapitaldiensts aufgrund der Einengung der Handlungsspielräume verheerend, aus ökonomischer Sicht jedoch zu begrüßen. Wenn die Zinsen nicht nur mit Neuschulden, sondern auch mit Steuern bezahlt werden, handelt es sich um einen sogenannten Primärüberschuss. Der Primärsaldo[7] ist vergleichbar mit dem Unternehmensgewinn vor Zinsen, Steuern und Abschreibungen[8]. Da Gebietskörperschaften nur bedingt Steuern zahlen müssen und der traditionelle Haushalt keine Abschreibungen kennt, sind zur Ermittlung des operativen Ergebnisses einer Gebietskörperschaft nur die Zinsen abzuziehen. Der Bund hat im Jahr 2008 einen Rekordprimärüberschuss von fast 29 Milliarden Euro erwirtschaftet. Den Zinsausgaben von 40 Milliarden Euro stand eine Nettokreditaufnahme von 11,5 Milliarden Euro gegenüber[9]. Diese positive Entwicklung wurde durch die Rekordverschuldung infolge der Finanz- und Wirtschaftskrise ab Herbst 2008 zunichte gemacht.

Alles zusammengerechnet, hat die öffentliche Hand von 1965 bis 2008 neue Schulden in Höhe von 1,3 Billionen Euro aufgenommen und 1,5 Billionen Euro an Zinsen gezahlt[10]. Der langjährige Haushaltstaatssekretär Manfred Overhaus kam für den Bund bezogen auf den Zeitraum von 1972 bis 2002 zwar zu einem Primärdefizit, aber zur selben Schlussfolgerung:

„Der generelle Verzicht auf eine öffentliche Neuverschuldung ist nicht nur ökonomisch, sondern auch fiskalisch vernünftig: Die Kredite, die der Bund von 1972 bis 2002 aufgenommen hat beziehungsweise noch aufnimmt, reichen gerade aus, um die in diesem Zeitraum zu zahlenden Zinsen zu bezahlen: Summe der Kredite: 569 Mrd. Euro, Summe der Zinsen: 538 Mrd. Euro, Differenz: 31 Mrd. Euro in 30 Jahren. Mit anderen Worten: Ohne die Neuverschuldung hätten wir uns in etwa die gleichen Ausgaben – also auch Investitionen – leisten können, nur hätten wir dann heute nicht die hohen Zinsverpflichtungen von rd. 20 v.H. unserer Steuereinnahmen."[11]

---

[7] Der Primärüberschuss beziehungsweise das Primärdefizit definiert sich als Saldo aus Zinsen und Nettokreditaufnahme.
[8] Gleichbedeutend mit dem EBITDA (*earnings before interest, taxes, depreciation and amortization*).
[9] Vgl. Monatsbericht des Bundesministeriums der Finanzen vom Mai 2009, S. 82f.
[10] Vgl. Dieter Meyer, Die Schuldenfalle. Eine Untersuchung der Staatsverschuldung ab 1965 bis 2025, Bearbeitungsstand: 22.5.2009 (www.staatsverschuldung-schuldenfalle.de).
[11] Manfred Overhaus, Rede am 24.1.2002 an der Universität in Kiel.

Neben der Vergrößerung der Handlungsspielräume besteht das zweite Ziel der Staatsverschuldung darin, mehr Gerechtigkeit zwischen den Generationen zu schaffen. Als Beispiele dafür, dass es sinnvoll sein kann, Lasten mittels Staatsverschuldung über mehrere Generationen und nicht nur auf die aktuelle Generation der Steuerzahler zu verteilen, können der Wiederaufbau Westdeutschlands, der finanziell überwiegend von den Kommunen gestemmt worden ist, und die deutsche Einheit genannt werden. Die Lastenverteilung über mehrere Generationen wurde als Argument für eine Verschuldung früh ins Feld geführt. So schrieb Lorenz von Stein in seinem „Lehrbuch der Finanzwissenschaft" aus dem Jahr 1878:

„Je höher sich der Blick hebt und je größer das Bewusstsein des Staats von seinen Aufgaben wird, um so gewisser ist die Staatsschuld ein Theil der Staatswirtschaft – ein Staat ohne Staatsschuld thut entweder zu wenig für seine Zukunft, oder er fordert zu viel von seiner Gegenwart. Sie kann zu hoch, sie kann schlecht verwaltet, sie kann falsch verwendet werden, aber vorhanden ist sie immer – es hat nie einen civilisierten Staat ohne Staatsschuld gegeben und wird, ja es soll nie einen solchen geben."[12]

Dieses Zitat wird häufig als Generalrechtfertigung für die Staatsverschuldung benutzt. Dabei wird oft übersehen, dass von Stein die „Höhe der Staatsschuld" von der „Fähigkeit" des Staats abhängig machte, „die Verzinsung der Schulden regelmäßig zu decken"[13], und zwar durch „Überschüsse". Wenn Zinsen nur durch neue Kreditaufnahme gedeckt werden könnten, werde das bald „seine Grenzen in sich selbst" finden.

Als Lorenz von Stein seine berühmten Zeilen formulierte, bauten die Städte eine Infrastruktur und ein Vermögen auf, von denen ihre Einwohner bis heute profitieren. Am teuersten, aber über die Gebühreneinnahmen wohl auch rentabel, dürfte die Kanalisation gewesen sein. Mit der Rentierlichkeit von Investitionen wird seit Ende des 19. Jahrhunderts die öffentliche Kreditaufnahme begründet, und zwar als kongeniales Argument zur intergenerativen Lastenverteilung. In der Tat wäre es, um beim Beispiel zu bleiben, kaum sinnvoll gewesen, über Jahrzehnte eine Rücklage für den Kanalisationsbau anzusparen. Die Verschuldung hat hier zusätzlichen Handlungsspielraum gebracht, und vom Ergebnis profitierten mehrere Generationen. Die prachtvollen Rathäuser, Museen und Theater zeugen allerdings davon, dass Kredite bereits im Kaiserreich nicht nur für rentierliche Investitionen

[12] Lorenz von Stein, Lehrbuch der Finanzwissenschaft. Als Grundlage für Vorlesungen und zum Selbststudium, Leipzig ⁴1878, S. 347.
[13] Lorenz von Stein, Lehrbuch der Finanzwissenschaft. Als Grundlage für Vorlesungen und zum Selbststudium, Leipzig 1860, S. 481; das folgende Zitat findet sich ebenda, S. 477.

eingesetzt wurden[14]. Öffentliche Investitionen erzielen – streng betriebswirtschaftlich gesehen – in der Regel keinen *return on invest*. Beispielsweise
kann kaum belegt werden, dass durch die Sanierung eines Schul- oder Uni-
versitätsgebäudes sofort oder später die Steuereinnahmen steigen. Die Be-
reiche, in denen Investitionen sich selbst finanzieren können, sind zudem
häufig privatisiert worden; das gilt etwa für die Telekommunikation, das
Postwesen oder die Energieversorgung.

Neuerdings wird das Generationenargument mit einer anderen Stoß-
richtung eingesetzt. Staatsverschuldung verletzt demnach die intergenerative
Gerechtigkeit. Die steigende Zinslast und die wachsenden Rentenansprüche
verengen in der Tat die Spielräume zukünftiger Generationen. Die übliche
Praxis, auch Konsumausgaben mit Krediten oder Vermögensveräußerun-
gen zu finanzieren und insbesondere die Pensionsansprüche im kameralen
Rechnungswesen nicht auszuweisen, wird von der Wissenschaft und zunehmend auch der Politik als Ungerechtigkeit zulasten zukünftiger Generationen
gewertet. Aus dieser Erkenntnis wurden als konkrete Maßnahmen die Umstellung des öffentlichen Rechnungswesens auf die kaufmännische Buchführung[15] sowie die weitgehende Beschränkung der Staatsverschuldung abgeleitet.

Das Argument der intergenerativen Gerechtigkeit kann sowohl für als
auch gegen Staatsverschuldung benutzt werden. Zusammenfassend ist aber
festzustellen, dass die öffentliche Verschuldung den Spielraum für staatliche
Ausgaben nicht mehr erweitert. Da der Staat in der Regel keine rentierlichen
Investitionen tätigt, im Ergebnis seine Kredite nicht tilgt und sich darüber
hinaus Jahr für Jahr mehr oder weniger stark neu verschuldet, werden etwaige
Spielräume vom Zinseszinseffekt aufgezehrt.

2. Politische Ökonomie der Staatsverschuldung

Die Lehren der Neuen Politischen Ökonomie und der *Public choice*-Theorie
unterstellen der Politik, vor allem Eigeninteressen zu verfolgen[16]. So wie
Unternehmen Gewinnmaximierung betreiben, sind demnach Parteien nur
auf Stimmenmaximierung aus. Politiker interessieren sich also nur für ihre
Wiederwahl und den Ausbau ihrer Macht. Milton Friedman hat das folgendermaßen ausgedrückt: „Geldausgeben ist das Lebenselixier von Politikern

---

[14] Hansmann, Kommunalfinanzen, S. 46 ff.
[15] Vgl. z.B. Dietrich Budäus, Modernisierung des öffentlichen Haushalts- und Rechnungswesens, in: Werner Jann u. a., Status-Report Verwaltungsreform. Eine Zwischenbilanz nach zehn Jahren, Berlin 2004, S. 75–86.
[16] Vgl. allgemein Guy Kirsch, Neue politische Ökonomie, Stuttgart ⁵2004.

und zugleich die Grundlage ihrer Macht. Der einzige Weg, das Verhalten von Politikern zu verändern, ist ihnen das Geld wegzunehmen."[17] Das Bild, das die Wissenschaft hier vom *homo politicus* zeichnet, ist allerdings etwas eindimensional. Es geht Politikern nicht nur um Wiederwahl oder um gut dotierte Posten. Die meisten von ihnen besitzen zumindest zu Beginn ihrer Karriere einen hohen Gestaltungswillen und ein ausgeprägtes Sendungsbewusstsein. Allerdings dürfte diese Erkenntnis aus finanzpolitischer Sicht sogar noch beunruhigender sein. Überzeugte Fachpolitiker sehen den Haushalt ausschließlich als Mittel zu Zweck. Es geht ihnen um die Deckung des Bedarfs, der bei öffentlichen Gütern tendenziell gegen unendlich tendiert.

Bei jeder Haushaltsaufstellung heißt es zwar, dass Mehrausgaben nur genehmigt werden, wenn sie durch Minderausgaben an anderer Stelle finanziert werden. Die Praxis sieht aber anders aus. Wenn überhaupt, gelingt es den Finanzministern gerade, den Ausgabenanstieg zu beschränken. Kürzungen oder Umschichtungen sind nur im Ausnahmefall durchzusetzen. Da die Steuern zentral eingenommen werden, haben sämtliche Ressorts defizitäre Haushalte. Einnahmen und Ausgaben sind getrennt. Über Deckungsbeiträge kann demnach nicht gesteuert werden. Es gibt nur einen, der sich für die Finanzen verantwortlich fühlt: Das ist der Finanzminister. Die Fachminister setzen hingegen auf Budgetmaximierung, meist mit guten Argumenten: Ist nicht der Ausbau der Kinderbetreuung parteiübergreifend ein wichtiges Ziel? Müssen wir nicht viel mehr für den Klimaschutz tun? Geben wir nicht viel zu wenig für die Entwicklungshilfe aus? Dabei würden sich die Fachminister nie gegeneinander ausspielen lassen, nach dem Motto: „Umweltschutz ist wichtiger als Entwicklungshilfe". Wenn dann die Unterstützung des Regierungschefs fehlt (wie weiland bei Gerhard Schröder und Hans Eichel: „Lass mal gut sein, Hans"[18]), hat der Finanzminister keine Durchsetzungskraft mehr. Früher oder später ist es bisher jedem Finanzminister so ergangen.

Es gibt mindestens zwei Instrumente, die der Budgetausweitung entgegenwirken könnten. Das eine heißt *Management by objectives*, also Führen mit Zielen. Das andere Instrument – die Wirkungsmessung – hat ebenfalls mit Zielen zu tun. Beide sind Mitte der 1990er Jahre im Rahmen des *New Public Management* propagiert worden. Die Ernüchterung nach der Planungseuphorie der 1970er Jahre[19] und das ökonomische Scheitern der DDR haben

---

[17] Zit. nach Weitz (Hrsg.), Bedeutende Ökonomen, S. 176.
[18] Der Spiegel vom 18.11.2002, S. 110.
[19] Vgl. Renate Mayntz, Soziologie der öffentlichen Verwaltung, Heidelberg ⁴1997; Werner Jann, Verwaltungsmodernisierung auf Bundesebene, in: ders. u.a., Status-Report Verwaltungsreform, S. 100–111.

jedoch bis heute Planung und moderne Steuerungsinstrumente diskreditiert. Das Neue Steuerungsmodell gilt mittlerweile als gescheitert[20]. Es hat den Praxistest zumindest hinsichtlich einer haushaltskonsolidierenden Wirkung nicht bestanden. Nirgendwo wurden Ziele so definiert, dass Ressourcen umgeschichtet werden konnten. Im Kern liegt das Problem in der mangelnden Priorisierung der Ziele. Wenn die Kanzlerin den Ausbau der Kleinkinderbetreuung als das zentrale Ziel definiert, heißt das dann, dass andere Ziele und Maßnahmen nicht verfolgt werden? In diese Zwickmühle mit ihren äußerst unpopulären Folgen will und wird sich keine politische Spitzenkraft freiwillig begeben. Keine deutsche Regierung hat bisher eindeutige politische Prioritäten in Form eines verbindlichen und ressortübergreifenden Programms aufgestellt. Weder Regierungsspitze noch Fachressorts haben ein Interesse daran, eindeutige Schwerpunkte zu setzen, da dann Konflikte untereinander und mit der organisierten Öffentlichkeit ausgetragen werden müssten. Ohne Prioritäten können die knappen öffentlichen Gelder jedoch nicht gezielt eingesetzt werden. Das war und ist zweifellos ein Grundproblem der Finanzpolitik und erschwert jedem Finanzminister die Aufgabe, den Schuldenanstieg zu begrenzen.

Das Verhalten der politischen Führungskräfte ist nicht ganz einfach zu erklären. Die meisten Politiker tun sich mit betriebswirtschaftlichen Steuerungsinstrumenten schwer, selbst wenn sie sachlich begründete Ziele verfolgen und nicht ausschließlich an Stimmenmaximierung interessiert sind. Sie bewegen sich jedoch im Rahmen der politischen Rationalität und nicht in einem betriebswirtschaftlich-rationalen Zielsystem. Ausdruck dieser politischen Rationalität sind ein lang eingespieltes Do-ut-des-Verhalten, die ständige Suche nach Kompromissen und der Versuch, möglichst viele gesellschaftliche Interessen zu befriedigen. Bewusst vage gehaltene Ziele erleichtern das politische Geschäft der Mehrheitssuche erheblich und verhindern, dass die Verantwortlichen angegriffen werden können. Daher fallen Partei-, Wahl-, Regierungsprogramme immer windelweich und allumfassend aus. Im Zuge der immer stärkeren Medienorientierung dominieren zudem Ad-hoc-Probleme das politische Geschäft. Das stellt den Finanzminister bei der Haushaltsaufstellung vor große Probleme. Er kann aus der übergeordneten

[20] Vgl. Jörg Bogumil u.a., Zehn Jahre Neues Steuerungsmodell: Eine Bilanz kommunaler Verwaltungsmodernisierung, Berlin 2007; Marc Hansmann, Controlling in der Ministerialverwaltung. Die „Anwendungslücke", in: Martin Brüggemeier/Reinbert Schauer/Kuno Schedler (Hrsg.), Controlling und Performance Management im Öffentlichen Sektor. Ein Handbuch. Festschrift für Dietrich Budäus, Bern u.a. 2007, S. 409–417.

Zielformulierung zwar ableiten, wofür mehr, aber nicht wofür weniger ausgegeben werden soll. Die Finanzminister und das Finanzministerium sind in der deutschen Geschichte keineswegs als besonders durchsetzungsstark aufgefallen. Die Finanzminister werden genauso von der Tagespolitik dominiert wie ihre Kollegen, sie überdecken ihre geringe Schlagkraft aber häufig durch markige Ankündigungen in den Medien. Das Finanzministerium ist wie alle Ministerien geprägt durch ein hohes Maß an Arbeitsteilung, Zuständigkeitsdenken und eine perfektionistische Orientierung am Detail[21]. Thilo Sarrazin, selbst zeitweise Angehöriger des Bundesfinanzministeriums, urteilte:

„Es bestand und besteht ein krasses Missverständnis zwischen akribischen haushaltspolitischen Bemühungen im Bereich der unmittelbaren Bundesausgaben und einer eher sorglosen Nichtbeachtung der großen Strukturprobleme in der Sozialversicherung."[22]

Der erste – als sehr sparsam geltende – Bundesfinanzminister Fritz Schäffer war beispielsweise berüchtigt für sein Feilschen um Kleinstbeträge. Und bezogen auf die 1920er Jahre führte Peter-Christian Witt aus, dass „gerade der Perfektionismus des Reichsfinanzministeriums eine der wesentlichen Ursachen für die finanziellen Misserfolge und die soziale Unausgewogenheit der Steuerpolitik" gewesen sei[23]. Witt analysierte weiter:

„In der Schwäche des Reichsfinanzministers spiegelte sich also nur die Führungsschwäche der gesamten Regierung wider, die außerstande war, die Leistungserwartungen der Bürger nach Prioritäten zu ordnen beziehungsweise Kompromisse darüber zu schließen, welche dieser Leistungserwartungen sofort, welche später und welche angesichts der Finanzlage des Reiches überhaupt nicht befriedigt werden konnten, und daher lieber allen Ansprüchen – und damit letzten Endes auch kaum einem der berechtigten – entsprechen wollte. Manches spricht dafür, daß dieses Verhalten als typisch für eine Regierung angesehen wurde, die von einer prinzipiell reformwilligen Partei, der Sozialdemokratie, geführt wurde, die aber über ihren Reformwillen das Augenmaß für das Machbare, für die finanzielle Leistungsfähigkeit der öffentlichen Hände verloren hatte. Man meinte, daß sich diese Führungsschwäche der Regierung – denn um nichts anderes handelte es sich ja – aber beheben lassen würde, wenn wieder eine Parteienkoalition mit stärker konservativem Interessenhintergrund die Regierung übernahm. Genau diese Annahme erwies sich aber als Irrtum."

---

[21] Vgl. Marc Hansmann, Management und Controlling in der Ministerialverwaltung, Sternenfels/Berlin 2004.

[22] Thilo Sarrazin, Die Finanzpolitik des Bundes 1970–1982. Eine kritische Würdigung, in: Finanzarchiv 41 (1983), S. 373–387, hier S. 382.

[23] Peter-Christian Witt, Reichsfinanzminister und Reichsfinanzverwaltung. Zum Problem des Verhältnisses von politischer Führung und bürokratischer Herrschaft in den Anfangsjahren der Weimarer Republik (1918/19–1924), in: VfZ 25 (1975), S. 1–61, hier S. 59; das folgende Zitat findet sich ebenda, S. 34f.

Besser könnte das auch für die aktuelle Lage der Republik nicht formuliert werden.

Das Instrument der Wirkungsmessung hat sich in der Praxis ebenfalls als wenig effektiv erwiesen. Was bewirkt beispielsweise die deutsche Entwicklungshilfe? Hat sie die Armut in Schwarzafrika gelindert? Ist die Kindersterblichkeit zurückgegangen? Oder sind die Schweizer Bankkonten der korrupten Elite angewachsen? Finanziert sie in Wirklichkeit nicht zu einem beträchtlichen Teil die Personalkosten der deutschen Entwicklungshilfeorganisationen? Niemand kann diese Fragen eindeutig beantworten, weil es keine umfassende Wirkungsmessung gibt. Ab und zu tauchen zwar umfangreiche Evaluationsberichte auf, diese haben aber in der Regel den Charakter von Jubelberichten und verwenden keine harten Messgrößen.

Als zweites Beispiel sei die finanzielle Förderung von Familien genannt. Hier nimmt Deutschland laut der *Organisation for Economic Co-operation and Development* (OECD) im internationalen Vergleich einen Spitzenplatz ein, da es für jedes Kind zehn bis zwanzig Prozent mehr als im OECD-Durchschnitt ausgibt[24]. Trotzdem wächst in Deutschland jedes sechste Kind in Armut auf, während es im Durchschnitt der OECD-Länder nur jedes achte Kind ist. Knapp 40 Prozent der Mittel werden in Deutschland direkt an die Eltern gezahlt, während der Anteil in Dänemark oder Schweden bei nur 20 Prozent liegt. Die deutsche Politik hat zwar darauf reagiert und baut insbesondere die Betreuung von Kleinst- und Schulkindern stark aus. Doch umgeschichtet wird das Geld nicht. Im Gegenteil, das Kindergeld wird sogar regelmäßig erhöht.

An diesem Beispiel wird deutlich, dass der deutsche Sozialstaat seine Mittel nicht immer optimal einsetzt. Daher ist es kein Wunder, dass Evaluationen und Wirkungsmessungen nicht erwünscht sind. Die mächtige Phalanx aus Fachpolitikern, die in jedem Parlament über eine Mehrheit verfügen, Fachverwaltungen und Lobbygruppen schiebt ein Programm nach dem anderen an. So ist ein Geflecht von Interventionsinstrumenten und Maßnahmen entstanden, welches wohl selbst Insider nicht mehr überschauen.

Wie kommt es eigentlich, dass die deutschen Sozialpolitiker so mächtig sind? Die thesenhafte Antwort lautet: Die Konservativen modifizierten ihre finanz- und sozialpolitischen Vorstellungen in Reaktion auf den Erfolg der SPD, die seit 1890 bei sämtlichen Wahlen zumindest zweitstärkste Partei

---

[24] Vgl. hierzu und zum Folgenden Infomaterial (Ländernotiz Deutschland) zur OECD-Studie „Doing Better for Children" vom September 2009.

geworden ist. Im Kampf um Wählerstimmen haben zunächst das Zentrum, dann auch CDU und CSU ein ausgeprägtes sozialstaatliches Profil entwickelt. So wurden die fünf Säulen der Sozialversicherung von konservativen Regierungen aufgebaut: Beginnend mit Bismarck, der im Kampf gegen die Sozialdemokratie die Renten-, Kranken- und Unfallversicherung einführte[25], über die Arbeitslosenversicherung (1926)[26] bis hin zur Pflegeversicherung (1995), dem Lieblingsprojekt des langjährigen Arbeitsministers Norbert Blüm (CDU)[27].

[25] Vgl. Gerhard A. Ritter, Der Sozialstaat. Entstehung und Entwicklung im internationalen Vergleich, München 3., um einen Essay ergänzte Aufl. 2010, S. 66, sowie ausführlicher Michael Stolleis, Historische Grundlagen. Sozialpolitik in Deutschland bis 1945, in: Geschichte der Sozialpolitik in Deutschland seit 1945, Bd. 1, S. 199–332, hier S. 233–236.
[26] Vgl. Karl Christian Führer, Arbeitslosigkeit und die Entstehung der Arbeitslosenversicherung in Deutschland 1902–1927, Berlin 1990.
[27] Vgl. Gerhard A. Ritter, Eine Vereinigungskrise? Die Grundzüge der deutschen Sozialpolitik in der Wiedervereinigung, in: Friedhelm Boll/Anja Kruke (Hrsg.), Der Sozialstaat in der Krise. Deutschland im internationalen Vergleich, Bonn 2008, S. 163–198, hier S. 178f.

IV. Ausgabenpolitik

1. Das Wagnersche Gesetz

Adolph Wagner, der Nestor der deutschen Finanzwissenschaft, hat bereits vor fast 150 Jahren sein berühmtes „Gesetz der wachsenden Ausdehnung der Staatsthätigkeit" formuliert. Weitsichtig erkannte er, dass die öffentlichen Aufgaben – und damit auch die Ausgaben – im Zuge der von ihm begrüßten Entwicklung vom Ordnungs- zum Wohlfahrtsstaat zunehmen würden. Es lohnt sich, ihn selbst zu Wort kommen zu lassen:

> „Wo wir hinsehen, treten überall […] neue Aufgaben [auf] oder müssen die alten auf neue Weise, besser und vollkommener ausgeführt werden. […] Wir bedürfen einer gesicherten Rechtsordnung im Innern und nach Aussen. […] Wir bedürfen nicht minder zahlloser fördernder öffentlicher Thätigkeiten im Interesse der Volkswirthschaft und Cultur. Die Privatthätigkeit reicht auch hier immer weniger aus. […] Ich erinnere nur an drei grosse Gebiete, die gegenwärtig in unseren Culturstaaten überall im Vordergrund stehen: an das Unterrichtswesen mit seinen immer grösseren und feineren Bedürfnissen, an das Verkehrswesen, die Wege und Verkehrsanstalten, Post, Telegraphen, Eisenbahnen usw., und an speciell städtische Bedürfnisse, der Reinlichkeit, Gesundheitspflege, Bequemlichkeit, der Versorgung mit Lebensmitteln usw., daher Anstalten der Wasserleitung, Canalisirung, Gasbeleuchtung – vielleicht bald electrische Beleuchtung –, öffentliche Gärten, Markthallen, Viehhöfe usw. Ueberall hat hier bereits und wird immer mehr die öffentliche Thätigkeit des Staats, Kreises, der Gemeinde Platz greifen – was nichts anderes heisst, als Steigerung der Gemeinwirthschaft, mithin des Finanzbedarfs […]."[1]

Zu Recht ist gegen das Wagnersche Gesetz eingewandt worden, dass die öffentlichen Ausgaben keineswegs zwangsläufig steigen müssen. Das zeigt der Verlauf der deutschen Staatsquote, also dem Anteil der öffentlichen Ausgaben an der Wirtschaftsleistung, seit 1900 deutlich. Zwar sind die Staatsausgaben insgesamt stark gewachsen, doch gab es immer wieder auch Phasen einer gegenläufigen Entwicklung, wie das folgende Schaubild zeigt. Das Jahr 1938 fällt dabei etwas aus dem Rahmen, da die Vorbereitung des Angriffskriegs die Staatsquote bereits Richtung 50 Prozent gedrückt hat, während der Anteil der Sozialausgaben stark sank. Ansonsten hat die Sozialleistungsquote die Entwicklung der Staatsquote maßgeblich beeinflusst. Der generelle Trend des Anstiegs der Sozialleistungen setzte sich nach dem Zweiten Weltkrieg fort. Zunächst mussten die sozialen Folgekosten des Kriegs finanziert

[1] Adolph Wagner, Ueber die schwebenden deutschen Finanzfragen, in: Zeitschrift für die gesamte Staatswissenschaft 35 (1879), S. 68–114, hier S. 77f.

werden. Dann folgte bereits in den 1950er Jahren der Ausbau des Sozialstaats. Im Unterschied zur Weimarer Republik, die sich ebenfalls auf dem
Weg zum Wohlfahrtsstaat befand, konnte sich die Bonner Republik das
auch leisten, zumindest in den ersten 25 Jahren ihres Bestehens. Das „Wirt-
schaftwunder" machte es möglich. Aufgrund der hohen Wachstumsraten
und der mit Ausnahme der Sozialpolitik eher sparsamen Haushaltsführung
sank die Staatsquote in den 1950er Jahren sogar leicht. In den folgenden
zwei Jahrzehnten kehrte sich der Trend dafür um. Die Jahre zwischen 1969
und 1975 wurden „zur Phase der größten Beschleunigung sozialstaatlicher
Expansion"[2].

Abbildung 5: Entwicklung der Staats- und Sozialleistungsquote, 1900–2010[3]

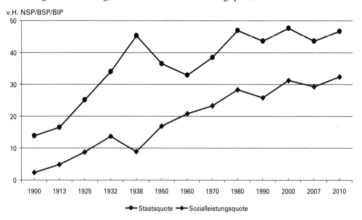

v.H. NSP/BSP/BIP

—●— Staatsquote   —◆— Sozialleistungsquote

[2] Anselm Doering-Manteuffel/Lutz Raphael, Nach dem Boom. Perspektiven auf die
Zeitgeschichte seit 1970, Göttingen [2]2010, S. 47.
[3] Staatsquoten (Nettosozialprodukt zu Faktorpreisen) für die Jahre von 1900 bis 1950:
vgl. Horst Claus Recktenwald, Umfang und Struktur der öffentlichen Ausgaben in
säkularer Entwicklung, in: Handbuch der Finanzwissenschaft, hrsg. von Fritz Neumark
unter Mitwirkung von Norbert Andel und Heinz Haller, Bd. 1, Tübingen [3]1977, S. 713–
752, hier S. 719; Staatsquoten für die Jahre 1960 bis 2010: vgl. Monatsbericht des
Bundesministeriums der Finanzen vom Januar 2011, S. 81 f.; Sozialleistungsquote für
das Jahr 1913: vgl. Johannes Frerich/Martin Frey, Handbuch der Geschichte der Sozialpolitik in Deutschland, Bd. 1: Von der vorindustriellen Zeit bis zum Ende des Dritten
Reiches, München/Wien 1993, S. 175; für die restlichen Jahre bis 1950: vgl. Heinz
Lamper/Jörg Althammer, Lehrbuch der Sozialpolitik, Berlin [8]2007, S. 510 (Tabelle 18.1.);
für die Jahre ab 1960: Sozialbericht 2009, hrsg. vom Bundesministerium für Arbeit und
Soziales, Bonn 2009, Tabelle I-1 und S. 256 (Jahr 2010).

Maßgeblich verursacht durch den Ausbau der Sozialleistungen erreichte die Staatsquote Anfang der 1980er Jahre fast den magischen Wert von 50 Prozent. Das hatte – ähnlich wie in den Jahren der Weltwirtschaftskrise – mit der Rezession zu tun, da die Sozialausgaben infolge der Massenarbeitslosigkeit stiegen, während das Bruttoinlandsprodukt fiel. Daher steigt die Staatsquote meist in konjunkturell schwierigen Zeiten, selbst wenn eine harte Sparpolitik wie zwischen 1930 und 1932, betrieben wird. Umgekehrt sinkt die Staatsquote meist in wirtschaftlich guten Zeiten. Das war von 1984 bis 1989 so, und das ist auch zwischen 2005 und 2008 so gewesen. Beide Phasen waren von einem robusten Wirtschaftswachstum, rückläufiger Arbeitslosigkeit und einem moderaten Sozialabbau geprägt. In logischer Konsequenz sank die Staatsquote 2007 auf unter 44 Prozent[4]. Das war einer der niedrigsten Werte seit fast vier Jahrzehnten; auch im internationalen Vergleich lag die Bundesrepublik damit im unteren Bereich. So weist Frankreich nicht zuletzt infolge der etatistischen Tradition seit langem eine Staatsquote von über 50 Prozent auf. Spitzenreiter sind aufgrund des gut ausgebauten sozialen Sicherungssystems seit eh und je die skandinavischen Länder. Großbritanniens Staatsquote lag 2007 das erste Mal seit langer Zeit über der deutschen. Die USA hatten im gleichen Jahr mit 37 Prozent eine deutlich niedrigere Staatsquote. Dabei ist jedoch zu berücksichtigen, dass ein nicht geringer Teil der Sozialausgaben von den Amerikanern privat finanziert werden muss. Insofern ist die Staatsquote der USA sogar bemerkenswert hoch, was vor allem an den Militärausgaben liegt. Eine deutsche Besonderheit ist die hohe Sozialleistungsquote, die international nur von Dänemark, Schweden und Frankreich übertroffen wird. Das verdeutlicht, wie stark Deutschland seinen Sozialstaat ausgebaut hat.

2. Die Entwicklung der Ausgabenstruktur

Die Entwicklung Deutschlands vom Militär- zum Wohlfahrtsstaat wird in Abbildung 6 sehr deutlich. Während der Anteil der Militärausgaben am nationalen Haushalt von 79 Prozent auf zehn Prozent sank, vervielfachten sich die Ausgaben für Soziales, Arbeitsmarkt und Renten von drei auf 52 Prozent. Aus Abbildung 6 wird deutlich, dass der Bundeshaushalt spätestens seit 2007 nicht nur ein Schuldenproblem, sondern auch ein Qualitätsproblem hat. Die Zinsausgaben und der Zuschuss an die Rentenversicherung machten

---

[4] Vgl. Monatsbericht des Bundesministeriums der Finanzen vom Januar 2011, S. 81; zum Folgenden vgl. ebenda, S. 90.

Abbildung 6: Ausgabenstruktur des Reichs-/Bundeshaushalts in den Jahren 1913, 1963, 1983 und 2007[5]

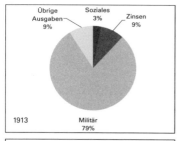 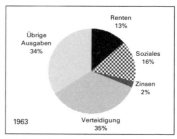

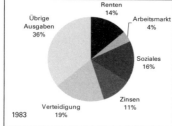 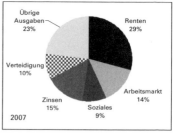

allein 44 Prozent des Haushalts aus. In logischer Konsequenz halbierte sich der Anteil der diskretionären, also politisch beeinflussbaren Ausgaben im Bundeshaushalt von knapp 40 Prozent 1970 auf 19,5 Prozent 2007[6]. Der Anteil der Zins- und Rentenausgaben wird in Zukunft aufgrund der demographischen Entwicklung sowie der Schulden- und Zinsentwicklung deutlich steigen. Zins- und Rentenausgaben finanzieren „Rentner [...] und Rentiers"[7], sind also alles andere als innovations- und zukunftsfördernd. Sie alimentieren ausschließlich die Vergangenheit in Form der früheren Kreditaufnahme und der vormals erworbenen Rentenansprüche. Anders ausgedrückt: Die Qualität der Staatsausgaben ist schlecht.

---

[5] Für das Jahr 1913 vgl. Ullmann, Steuerstaat, S. 62; für die Jahre 1963, 1983 und 2007 vgl. die Bundeshaushalte der entsprechenden Jahre.

[6] Wolfgang Streeck/Daniel Mertens, Politik im Defizit: Austerität als fiskalpolitisches Regime, in: Der moderne Staat 3 (2010), S. 7–29, hier S. 14 (Tabelle 1).

[7] Hans Günter Hockerts, Der deutsche Sozialstaat. Entfaltung und Gefährdung seit 1945, Göttingen 2011, S. 17.

3. Sozialausgaben

Bis 1957 sicherten die Altersrenten nur einen bescheidenen Lebensunterhalt und besaßen „den Charakter einer ärmlichen Überlebenshilfe"[8]. Wie in der gesamten Menschheitsgeschichte zuvor hatten vor allem die Kinder für ihre alten Eltern zu sorgen. Kinderlose waren in der Regel auf kommunale oder kirchliche Fürsorge angewiesen. Die Einführung der dynamischen Rente im Jahr 1957 änderte dies grundlegend. Seitdem geht der Renteneintritt nicht mehr zwangsläufig mit einem deutlich niedrigeren Lebensstandard einher; die Rente ist im Gegenteil zumindest bis zur Rentenreform von 2004 statussichernder Lohnersatz gewesen[9]. 1957 wurden die Renten um 72 Prozent für Angestellte und 65 Prozent für Arbeiter erhöht[10], was einem sozialpolitischen Quantensprung gleichkam und den Anfang vom Ende der Altersarmut als Massenphänomen bedeutete. Um dieses Niveau dauerhaft zu gewährleisten, koppelte der Gesetzgeber die Entwicklung der Renten an die Bruttolohnsteigerungen. Die Finanzierung der Rentenversicherung erfolgt seitdem durch ein Umlagesystem, das den großen Vorteil hat, dass die von den Arbeitnehmern und Arbeitgebern zu zahlenden Beiträge sofort in die Rentenkasse fließen[11]. Über die richtige Finanzierung der Rentenversicherung herrschten im Laufe der Jahrzehnte unterschiedliche Ansichten[12]. Vor dem Krieg bestand über die Notwendigkeit einer Kapitaldeckung Konsens. Hingegen favorisierte 1957 die Mehrzahl der Experten und

---

[8] Ebenda, S.71. Vgl. Winfried Schmähl, Die Einführung der „dynamischen Rente" 1957. Gründe, Ziele und Maßnahmen – Versuch einer Bilanz, Bremen 2007, S. 9.

[9] Vgl. Hans Günter Hockerts, Abschied von der dynamischen Rente. Über den Einzug der Demografie und der Finanzindustrie in die Politik der Alterssicherung, in: Ulrich Becker/Hans Günter Hockerts/Klaus Tenfelde (Hrsg.), Sozialstaat Deutschland. Geschichte und Gegenwart, Bonn 2010, S. 257–286, hier S. 257.

[10] Vgl. Winfried Schmähl, Sicherung bei Alter, Invalidität und für Hinterbliebene, in: Michael Ruck/Marcel Boldorf (Hrsg.), Geschichte der Sozialpolitik in Deutschland seit 1945, Bd. 4: Bundesrepublik Deutschland 1957–1966. Sozialpolitik im Zeichen des erreichten Wohlstandes, Baden-Baden 2008, S. 297–372, hier S. 301.

[11] Das Umlagesystem wurde auch deshalb gewählt, weil der Kapitalstock der Rentenversicherung nach beiden Weltkriegen durch die Inflation völlig entwertet worden war. Vgl. Henning, Staatsfinanzen in historischer Perspektive, S. 58f. und S. 61f. Vgl. auch Gerd Hardach, Optionen der Altersvorsorge im 19. und 20. Jahrhundert in Deutschland, in: ZfU 48 (2003), S. 5–28.

[12] Vgl. Philipp Manow, Kapitaldeckung oder Umlage? Zur Geschichte einer anhaltenden Debatte, in: Stefan Fisch/Ulrike Haerendel (Hrsg.), Geschichte und Gegenwart der Rentenversicherung in Deutschland. Beiträge zur Entstehung, Entwicklung und vergleichenden Einordnung der Alterssicherung im Sozialstaat, Berlin 2000, S. 145–168.

Entscheidungsträger das Umlageverfahren. Seit den 1990er Jahren gewinnt das kapitalgedeckte Verfahren wieder mehr Anhänger – kräftig und zweifellos nicht ganz selbstlos unterstützt durch die Finanzindustrie[13].

Das 1957 festgesetzte Rentenniveau hat sich trotz ständig steigender Zuschüsse aus dem Bundeshaushalt als nicht finanzierbar erwiesen. Das war Adenauer bereits 1956 von Wilfrid Schreiber, dem wissenschaftlichen Vordenker der Rentenreform, in aller Deutlichkeit gesagt worden. Schreiber hielt nur ein Niveau von 50 Prozent für langfristig finanzierbar[14]. Der Rest sollte durch private Vorsorge, Vermögensbildung und betriebliche Altersvorsorge abgedeckt werden. Bedenken kamen nicht nur aus der Wissenschaft, sondern auch von Finanzminister Schäffer und Wirtschaftsminister Ludwig Erhard (CDU). Beide hielten die Rentenreform für nicht finanzierbar und leisteten erbitterten Widerstand, der den Bundeskanzler zwang, auf seine Richtlinienkompetenz zu pochen[15].

Das Umlageverfahren und die eingebaute Dynamik funktionierten nur, solange die demographische und ökonomische Entwicklung stimmte. Adenauers oft zitierte Aussage „Kinder bekommen die Leute sowieso"[16] erwies sich als unzutreffend. Der Trend von der Großfamilie zum Single-Haushalt, die Emanzipation der Frau und die Pille als zuverlässiges Mittel zur Empfängnisverhütung haben für stark sinkende Kinderzahlen gesorgt. Doch nichtsdestotrotz wurden 1972 in einer kostspieligen Reform, die „in einer „bizarren Überbietungskonkurrenz der Parteien zustandekam"[17], die Rentenleistungen noch einmal deutlich ausgeweitet. „Die Rentenreform von 1972 bezeichnet den Kulminationspunkt einer Entwicklung, in der die Expansion sozialer Leistungen als politisch billiges Nebenprodukt zu haben war."[18] Seit der erstmals für 1976 prognostizierten Finanzierungslücke in der Renten-

[13] Vgl. Hockerts, Abschied, S. 276f.

[14] Vgl. Wilfrid Schreiber, Existenzsicherheit in der Industriellen Gesellschaft, unveränderter Nachdruck des „Schreiber-Planes" zur dynamischen Rente aus dem Jahr 1955, Köln 2004, S. 45.

[15] Vgl. Schmähl, Einführung, S. 16, sowie Hockerts, Sozialstaat, S. 12 und S. 79. Vgl. allgemein Werner Abelshauser, Erhard oder Bismarck? Die Richtungsentscheidung der deutschen Sozialpolitik am Beispiel der Reform der Sozialversicherung in den Fünfziger Jahren, in: GuG 22 (1996), S. 376–392.

[16] Zit. nach Hockerts, Abschied, S. 260.

[17] Hockerts, Sozialstaat, S. 14. Vgl. Hans Günter Hockerts, Vom Nutzen und Nachteil parlamentarischer Parteienkonkurrenz, Die Rentereform 1972 – ein Lehrstück, in: Karl Dietrich Bracher u. a. (Hrsg.), Staat und Parteien. Festschrift für Rudolf Morsey zum 65. Geburtstag, Berlin 1992, S. 903–934.

[18] Hockerts, Sozialstaat, S. 14.

versicherung wurden die Steigerungsraten und das Leistungsniveau regelmäßig reduziert[19]. In den letzten Jahren der Kanzlerschaft Helmut Kohls (CDU) wurde ein demographischer Faktor eingeführt, den die rot-grüne Bundesregierung nach 1998 abschaffte, dann aber wieder in revidierter Form im Rentenrecht verankerte[20]. Darüber hinaus setzte Finanzminister Hans Eichel mehrere Nullrunden durch. Die dritte große Maßnahme von Rot-Grün bestand im Aufbau einer privaten, staatlich geförderten Säule der Rentenversicherung, der sogenannten Riester-Rente. Eine Große Koalition hat dann 2006 durchgesetzt, was die Vorgängerregierung nicht mehr geschafft hatte: Die Erhöhung des Renteneintrittsalters auf 67 Jahre. Einen Rückfall in alte Zeiten gab es im Vorwahlkampf des Jahres 2009. Kanzlerin Angela Merkel (CDU) und Arbeitsminister Olaf Scholz (SPD) sorgten nach einer kritischen Mediendebatte dafür, dass die Renten – anders als die Löhne – nie sinken dürfen[21]. Bereits zuvor hatte die Große Koalition auf die eigentlich 2005 und 2006 fälligen Rentenabschläge verzichtet.

Insgesamt wurde das Rentenniveau in den letzten drei Jahrzehnten durch große Strukturreformen und weniger sichtbare kleinere Eingriffe wie etwa die Streichung von Ausbildungszeiten deutlich abgesenkt; es dürfte in Zukunft deutlich unter die von Wilfrid Schreiber anvisierte Grenze von 50 Prozent sinken[22]. Ohne dass es ausgesprochen wird, nähert sich die durchschnittliche Rente damit einer Grundrente an, die nicht mehr deutlich über dem Existenzminimum liegt. Die Rentenreformen waren aus finanzpolitischer Sicht durchaus ambitioniert. Ansprüche und damit auch die implizierte Staatsschuld wurden deutlich reduziert[23]. Die Finanzierungslücke

[19] Vgl. Winfried Süß, Der keynesianische Traum und seit langes Ende. Sozioökonomischer Wandel und Sozialpolitik in den siebziger Jahren, in: Konrad H. Jarausch (Hrsg.), Das Ende der Zuversicht. Die siebziger Jahre als Geschichte, Göttingen 2008, S. 120–137, hier S. 114f.

[20] Vgl. Hockerts, Abschied, S. 281.

[21] Vgl. Manfred G. Schmidt, Die Sozialpolitik der zweiten Großen Koalition (2005 bis 2009), in: Egle/Zohlnhöfer (Hrsg.), Zweite Große Koalition, S. 302–326, hier S. 310–312 und S. 315.

[22] Vgl. Winfried Schmähl, Ein „Nachhaltigkeitsgesetz" für die Rentenversicherung. Anspruch und Wirklichkeit, in: Wirtschaftsdienst 84 (2004), S. 210–218, hier S. 216, sowie Moog/Müller/Raffelhüschen, Ehrbare Staaten, S. 10.

[23] Nach Berechnungen des Bundesfinanzministeriums hat sich die Tragfähigkeitslücke, definiert als Summe von impliziter und expliziter Staatsschuld, durch die Einführung des Nachhaltigkeitsfaktors und der Rente mit 67 fast halbiert. Vgl. Zweiter Bericht zur Tragfähigkeit der öffentlichen Finanzen, hrsg. vom Bundesministerium der Finanzen, Berlin 2008, S. 38.

in der Rentenversicherung scheint das erste Mal seit Jahrzehnten beherrschbar zu sein[24].

Meinhard Miegel und Kurt Biedenkopf warnten bereits vor 30 Jahren
vor der „Rentenkrise" und forderten den Übergang von der lohnbezogenen
gesetzlichen Rente zu einer steuerfinanzierten Grundsicherung im Alter,
ergänzt durch eine kapitalgedeckte Privatvorsorge[25]. Im Ergebnis ist Deutschland heute von dieser Forderung gar nicht mehr so weit entfernt, ohne dass
es allerdings jemals einen radikalen Systemwechsel gegeben hätte. Das ist
wohl auch der Grund dafür, dass die Proteste gegen die Absenkung des
Rentenniveaus nicht viel stärker ausgefallen sind.

Die Finanzierungslücke mag zwar kleiner geworden sein, aber dafür
wird ein Problem wieder auftauchen, das Adenauers dynamische Rente von
1957 weitgehend gelöst hatte: die Altersarmut. Die „gesetzliche Rentenversicherung hat das Ziel der Lebensstandardsicherung aufgegeben"[26], der „Ein-
stieg in den Ausstieg aus der dynamischen Rente mit Lohnersatzfunktion"
ist vollzogen[27]. Die Absenkung des Rentenniveaus und die Erosion des Nor-
malarbeitsverhältnisses werden dafür sorgen, dass in Zukunft wohl nicht
wenige deutsche Rentner ihr Leben auf Sozialhilfeniveau fristen müssen.
Die Sozialhilfe im Alter heißt seit 2003 Grundsicherung; die Ausgaben dafür
haben sich seit ihrer Einführung vervielfacht[28], was bisher vor allem die
kommunalen Haushalte belastet hat.

Nicht nur die Grundsicherung ist steuerfinanziert, sondern auch der
Zuschuss aus dem Bundeshaushalt zur Rentenversicherung, der eigentlich
versicherungsfremde Leistungen ausgleichen soll. Bereits unter Bismarck
bezuschusste das Reich die damals neu geschaffene Rentenversicherung.
Angesichts der damaligen Alterspyramide, die derjenigen heutiger Schwellen-
und Entwicklungsländer glich, und der Tatsache, dass die Menschen ihre

---

[24] Vgl. Gisela Färber, Wie ist das Nachhaltigkeitsgesetz zur Rentenversicherung zu be-
urteilen?, in: Wirtschaftsdienst 84 (2004), S. 207–210, hier S. 210.
[25] Vgl. Meinhard Miegel, Plädoyer für die Weiterentwicklung des Rentensystems, mit
einem Vorwort von Kurt H. Biedenkopf, Bonn/Stuttgart 1981. Beide Autoren haben zudem früh vor der Schuldenpolitik gewarnt. Vgl. Meinhard Miegel/Kurt H. Biedenkopf,
Die programmierte Krise. Alternativen zur staatlichen Schuldenpolitik, Bonn, Stuttgart
1979. Vgl. auch eine Studie des von Biedenkopf und Miegel gegründeten privaten For-
schungsinstituts IWG Bonn: Adrian Ottnad, Wohlstand auf Pump. Ursachen und Folgen
wachsender Staatsverschuldung in Deutschland, Frankfurt a. M./ New York 1996.
[26] Hockerts, Abschied, S. 257.
[27] Vgl. Schmähl, Einführung, S. 28.
[28] Vgl. Sozialleistungen der Städte in Not. Zahlen und Fakten zur Entwicklung kommunaler Sozialausgaben, hrsg. vom Deutschen Städtetag, Berlin/Köln 2010, S. 20 ff.

Verrentung nicht lange überlebten, waren diese Zuschüsse nicht sonderlich hoch. Das ist heute ganz anders. Allein von 1983 bis 2007, also innerhalb von knapp 25 Jahren, hat sich der Anteil der Rentenausgaben am Bundeshaushalt mehr als verdoppelt. Einige Sonderfaktoren wie die arbeitsmarktpolitisch motivierte Frühverrentung[29] oder „die relativ hohen Rentenansprüche in den neuen Bundesländern"[30] sind für diese Entwicklung mitverantwortlich. Der Trend der zunehmenden Steuerfinanzierung dürfte auch in Zukunft anhalten, da die Beitragssätze durch die Politik begrenzt worden sind und die Zahlungen aus der Rentenkasse in Folge der demographischen Entwicklung unweigerlich steigen werden.

Neben den Rentenausgaben wird aus dem Bundeshaushalt eine Reihe von weiteren Transferleistungen gezahlt. An erster Stelle ist hier das Arbeitslosengeld (ALG) II zu nennen, bekannter unter dem Namen Hartz IV. Das ALG II ist – wie vormals die Arbeitslosenhilfe – rein steuerfinanziert, also keine Versicherungsleistung. Ein großes Versäumnis der bundesdeutschen Politik bestand darin, diese Tatsache nie richtig kommuniziert und häufig sogar etwas anderes suggeriert zu haben. Ein Teil der Proteste gegen die von der Regierung Schröder im Jahr 2003 durchgesetzte Hartz-Gesetzgebung[31] rührte genau daher. Viele Menschen haben nicht verstanden, warum der Staat vermeintliche Versicherungsleistungen auf das Sozialhilfeniveau herunterschrauben konnte[32].

Ein Beitrag zur Haushaltssanierung war die Arbeitsmarktreform der Regierung Schröder nicht. Selbst im Boomjahr 2007, das mit stark sinkenden Arbeitslosenzahlen einherging, gab der Bund für das ALG II knapp 23 Milliarden Euro aus[33]. Hinzu kam noch die Bundesbeteiligung an den Kosten für die Unterkunft der Langzeitarbeitslosen in Höhe von 4,3 Milliarden Euro. Auch die Kommunen, die durch die Einführung von Hartz IV um 2,5 Milliarden Euro entlastet werden sollten[34], stöhnen über die steigen-

---

[29] Vgl. Ritter, Vereinigungskrise, S. 171f., sowie Anke Hassel/Christof Schiller, Der Fall Hartz IV. Wie es zur Agenda 2010 kam und wie es weitergeht, Frankfurt a.M. 2010, S. 59–65. Von Hassel und Schiller stammt der Begriff „Stilllegungspolitik".

[30] Öffentliche Finanzen in der Krise: Ursachen und Handlungserfordernisse, in: Monatsberichte der Deutschen Bundesbank 3/2004, S. 15–37, hier S. 20.

[31] Vgl. Hassel/Schiller, Hartz IV.

[32] Vgl. Manfred G. Schmidt, Sozialpolitik in Deutschland. Historische Entwicklung und internationaler Vergleich, Wiesbaden [3]2005, S. 120.

[33] Vgl. hierzu und zum Folgenden Bundeshaushalt 2009, Einzelplan 1112, Kapitel 11 (Ist-Ergebnis).

[34] Vgl. Anke Hassel/Christof Schiller, Sozialpolitik im Finanzföderalismus – Hartz IV als Antwort auf die Krise der Kommunalfinanzen, in: PVS 51 (2010), S. 95–117, hier S. 112.

den Kosten, die letztlich sogar zu Mehrausgaben im Vergleich zur alten Sozialhilfe geführt haben[35]. Insgesamt gab der Bund für die Arbeitsmarktpolitik
2007 14 Prozent seines Haushalts aus, während der entsprechende Wert für
1983 bei lediglich vier Prozent gelegen hatte.

Eine weitere große Transferleistung ist das Kindergeld. Dieses war von
den Nationalsozialisten eingeführt worden, um das Bevölkerungswachstum
zu fördern. Die Alliierten hatten es dann abgeschafft, bevor es unter Adenauer 1954 wieder eingeführt wurde[36]. Im Laufe der Jahrzehnte entwickelte
sich das Kindergeld zu einer der größten Sozialleistungen des Bundes. Von
1955 bis 1961 gab es ab dem dritten Kind Geld, bis 1974 dann ab dem
zweiten und seit 1975 für jedes Kind[37]. Bis 1996 war das Kindergeld für das
erste Kind deutlich niedriger als für die anderen Kinder. Seitdem wurde das
Kindergeld kräftig erhöht. Insgesamt kostete diese Sozialleistung 2009 mehr
als 34 Milliarden Euro[38]. Allein die relative bescheidene Erhöhung um zehn
Euro im Jahr 2009 belastet den Haushalt mit jährlich zwei Milliarden Euro.
Bundesfinanzminister Peer Steinbrück wollte das Kindergeld nicht erhöhen,
sondern stattdessen das Geld zur Finanzierung von zusätzlichen Krippen-
plätzen umschichten[39]. Damit scheiterte er aber an Familienministerin
Ursula von der Leyen (CDU), die ein entschiedenes „sowohl als auch"
durchsetzte, also Kindergelderhöhung und Krippenplätze.

4. Kriegs- und Verteidigungsausgaben

Die Verteidigungsausgaben machten im Jahr 2007 zehn Prozent des Bundeshaushalts aus. In historischer Betrachtung darf man getrost sagen: *nur* zehn
Prozent. 1913 dominierten die Militärausgaben den Reichshaushalt mit
einem Anteil von 79 Prozent, was allerdings nicht als Beleg für eine besonders kriegerische Mentalität zu sehen ist. Die absoluten Militärausgaben
Deutschlands waren nicht höher als diejenigen Großbritanniens, Frankreichs

---

[35] Vgl. Sozialleistungen der Städte, S. 8ff.

[36] Vgl. allgemein Dagmar Nelleßen-Strauch, Der Kampf um das Kindergeld. Grund-
anschauungen, Konzeptionen und Gesetzgebung 1949–1964, Düsseldorf 2003.

[37] Vgl. hierzu und zum Folgenden Johannes Frerich/Martin Frey, Handbuch der Ge-
schichte der Sozialpolitik in Deutschland, Bd. 3: Sozialpolitik in der Bundesrepublik
Deutschland bis zur Herstellung der Deutschen Einheit, München/Wien 1993,
S. 115–118.

[38] Vgl. Dieter Dohmen/Vera de Hesselle/Andreas Kunzler, Diskrepanz zwischen der
demographischen Entwicklung und der Entwicklung der Kindergeldkinder i.S.d.
§ 32 Abs. 4 EstG. Gutachten im Auftrag des Bundesfinanzministeriums, Berlin 2009.

[39] Vgl. Der Spiegel vom 26.11.2007, S. 36, und vom 23.06.2008, S. 76ff.

oder Russlands[40]. Aufgrund der föderativen Struktur war der nationale Haushalt Deutschlands nur geringer im Volumen und daher der Anteil der Militärausgaben höher[41]. Anders war die Situation vor dem Zweiten Weltkrieg: Ausmaß und Schnelligkeit der nationalsozialistischen Kriegsvorbereitung – bei völliger Missachtung haushälterischer Grundsätze[42] – dürften in der Weltgeschichte wohl einmalig sein.

1963 beanspruchte der Auf- und Ausbau der Bundeswehr immerhin 35 Prozent des Bundeshaushalts. Der Anteil der Verteidigungsausgaben sank 1983 bis unter zwanzig Prozent, um 2007 schließlich einen historischen Tiefstand zu ereichen. Zweifellos lässt sich hier von einer Friedensdividende nach dem Ende des Kalten Kriegs sprechen. Die Bundesrepublik musste nach 1949 sowohl absolut als auch prozentual nie so viel Geld für Rüstung ausgeben wie die westlichen Siegermächte. Eine Ironie der Geschichte besteht darin, dass die USA die relativ niedrigen deutschen Verteidigungsausgaben heute kritisieren und damit im Grunde auch den Erfolg ihrer eigenen Politik, Deutschland zu einer friedlichen Nation zu erziehen. Angesichts des internationalen Engagements Deutschlands werden die Militärausgaben allerdings wohl wieder steigen.

5. Zinsbelastungen

Aufgrund der strukturellen Unterfinanzierung des Reichs und des relativ hohen Zinsniveaus lag die Zins-Ausgaben-Quote 1913 bei neun Prozent. Der niedrige Wert von zwei Prozent im Bundeshaushalt von 1963 war das Ergebnis der weitgehenden Entschuldung in Folge des Staatsbankrotts nach dem Zweiten Weltkrieg sowie einer anfangs äußerst sparsamen Haushaltsführung. Nach der hohen Verschuldung in den 1970er Jahren lag die Zins-Ausgaben-Quote im Jahr 1983 bei elf Prozent; bis 2007 kletterte sie um vier Prozentpunkte. Diese relativ niedrige Steigerungsrate ist ganz und gar nicht auf Sparsamkeit zurückzuführen, sondern vor allem auf die historische

[40] Vgl. Henning, Staatsfinanzen in historischer Perspektive, S. 55; Niall Ferguson, Der falsche Krieg. Der Erste Weltkrieg und das 20. Jahrhundert, München [2]2002, S. 144f.
[41] Bei Addition der Haushalte von Reich und Preußen reduziert sich der Anteil der Militärausgaben für das Jahr 1912 auf 45 Prozent. Vgl. Mark Spoerer, The Evolution of Public Finance in Nineteenth-Century Germany, in José Luis Cardoso/Pedro Lains (Hrsg.), Paying for the Liberal State. The Rise of Public Finance in Nineteenth Century Europe, Cambridge u. a. 2010, S. 103–131, hier S. 113 (Table 4.1).
[42] Vgl. Michiyoshi Oshima, Die Bedeutung des Kabinettsbeschlusses vom 4. April 1933 für die autonome Haushaltsgebarung der Wehrmacht, in: Finanzarchiv 38 (1980), S. 193–235.

Niedrigzinsphase[43]. Sollten die Zinsen irgendwann wieder steigen, läge darin gewaltiger Sprengstoff für die Staatsfinanzen.

6. Konjunkturpolitik

Im weltweiten Krisenjahr 1926 wurde vom deutschen Staat erstmals Konjunkturpolitik betrieben[44]. Im Ergebnis entstand ein strukturelles Defizit, das zusammen mit dem von der Hyperinflation verwüsteten Kapitalmarkt das Deutsche Reich bereits vor der Weltwirtschaftskrise an den Rand der Zahlungsunfähigkeit brachte und die Handlungsspielräume ab 1929 stark einschränkte[45]. Reichskanzler Heinrich Brüning[46] schaffte auf dem Höhepunkt der Krise den Haushaltsausgleich, indem er die Investitionstätigkeit stark herunterfuhr, die Reparationszahlungen einstellte, die Sozialausgaben kürzte und faktisch auf die Kommunen abwälzte sowie die Löhne und Preise per Notverordnung senkte. Brüning verteidigte zugleich die Goldbindung der Reichsmark und rettete das Bankensystem durch Verstaatlichung. Bis heute wird Brüning vorgeworfen, dass er keine Konjunkturpolitik betrieben, sondern im Gegenteil den wirtschaftlichen Abschwung und die soziale Lage durch seine harte Sparpolitik noch verschärft habe. Daher sei Hitler an die Macht gekommen, der nichts Eiligeres zu tun gehabt habe, als eine keynesianische Konjunkturpolitik umzusetzen und so die Arbeitslosigkeit erfolgreich zu reduzieren[47].

[43] Zur historischen Entwicklung der Zinssätze vgl. Sidney Homer/Richard Sylla, A History of Interest Rates, Hoboken [4]2005.
[44] Vgl. Dieter Hertz-Eichenrode, Wirtschaftskrise und Arbeitsbeschaffung. Konjunkturpolitik 1925/26 und die Grundlagen der Krisenpolitik Brünings, Frankfurt a.M./New York, 1982, sowie Fritz Blaich, Die Wirtschaftskrise 1925/26 und die Reichsregierung. Von der Erwerbslosenfürsorge zur Konjunkturpolitik, Kallmünz 1977.
[45] Vgl. Heike Knortz, Wirtschaftsgeschichte der Weimarer Republik, Göttingen 2010, S. 160–165 und S. 206.
[46] Vgl. Herbert Hömig, Brüning. Kanzler in der Krise der Republik. Eine Weimarer Biographie, Paderborn u.a. 2000, sowie William L. Patch, Heinrich Brüning and the Dissolution of the Weimar Republic, Cambridge 1998.
[47] Selbst Keynes scheint den Charakter der NS-Finanz- und Wirtschaftspolitik verkannt zu haben: „Nevertheless the theory of output as a whole, which is what the following book purports to provide, is much more easily adapted to the conditions of a totalitarian state." John Maynard Keynes, The General Theory of Employment, Interest and Money, Cambridge 1936 (ND 1993), S. XXVI (Preface to the German Edition). Das *Deficit spending* der Nationalsozialisten hatte jedoch nicht einen sich selbst tragenden Wirtschaftsaufschwung als Ziel, sondern die Finanzierung eines Angriffskriegs, war also keineswegs keynesianisch. Vgl. Richard J. Overy, The Nazi Economic Recovery 1932–1938, London 1982.

Um die Bewertung der Finanzpolitik Brünings wird in der Wissenschaft seit Jahrzehnten erbittert gestritten[48]. Ein Konsens konnte bisher nicht hergestellt werden. Die Deflationspolitik Brünings mag Ausdruck einer rationalen Strategie[49] gewesen sein und möglicherweise die Grundlagen für den folgenden Wirtschaftsaufschwung[50] gelegt haben. Im Ergebnis vertiefte sie jedoch die deutsche Staats- und Wirtschaftskrise auf fatale Weise. Es ist nicht sicher, ob die Wirtschafts- und Finanzkrise, die 2008 eingesetzt hat, der Kontroverse neue Impulse gibt. Zum einen wird als Lehre aus der Weltwirtschaftskrise ein aktives Gegensteuern abgeleitet. So flutete Ben Bernanke, der amerikanische Notenbankenpräsident und einer der führenden Wirtschaftshistoriker[51], die Geldmärkte mit Liquidität[52] und empfahl seiner Regierung, gigantische Konjunkturprogramme aufzulegen. Zum anderen kann seit den jüngsten Schwierigkeiten von Griechenland deutlicher verstanden werden, dass Brüning wirklich in einer „Zwangslage" steckte, weil die öffentliche Hand keine Kredite mehr erhielt. Insofern war der Haushaltsausgleich, also der Verzicht auf Neuverschuldung, die einzig verbleibende Option.

Konjunkturpolitik hat eine Renaissance gefeiert[53]. Das ist erstaunlich, weil Konjunkturprogramme bis vor kurzem als völlig wirkungslos galten. Im internationalen Vergleich wurde auf Japan verwiesen, das in den 1990er

---

[48] Hauptopponenten dieser Kontroverse sind Knut Borchardt und Carl-Ludwig Holtfrerich. Vgl. den Überblick bei Theodore Balderston, Economics and Politics in the Weimar Republic, Cambridge 2002, S. 77–99, sowie bei Albrecht Ritschl, Knut Borchardts Interpretation der Weimarer Wirtschaft. Zur Geschichte und Wirkung einer wirtschaftsgeschichtlichen Kontroverse, in: Jürgen Elvert/Susanne Krauß (Hrsg.), Historische Debatten und Kontroversen im 19. und 20. Jahrhundert, Stuttgart 2001, S. 234–244.

[49] Vgl. z.B. Albrecht Ritschl, Deutschlands Krise und Konjunktur 1924–1934. Binnenkonjunktur, Auslandsverschuldung und Reparationsproblem zwischen Dawes-Plan und Transfersperre, Berlin 2002.

[50] Vgl. Christoph Buchheim, Die Wirtschaftsentwicklung im Dritten Reich – mehr Desaster als Wunder. Eine Erwiderung auf Werner Abelshauser, in: VfZ 49 (2001), S. 653–664; Werner Abelshauser, Kriegswirtschaft und Wirtschaftswunder, in: VfZ 47 (1999), S. 1–61. Vgl. auch Mark Spoerer, Demontage eines Mythos? Zu der Kontroverse über das nationalsozialistische „Wirtschaftswunder", in: GuG 31 (2005), S. 415–438.

[51] Vgl. Ben S. Bernanke, Essays on The Great Depression, Princeton 2000.

[52] „Bernanke had well learned the lesson from the banking panics of the 1930s of conducting expansionary monetary policy to demands for liquidity." Michael Bordo/John Landon-Lane, The banking panics in the United States in the 1930s: some lessons for today, in: Oxford Review of Economic Policy 26 (2010), S. 486–509, hier S. 486.

[53] Vgl. Thomas Straubhaar/Michael Wohlgemuth/Joachim Zweyner, Rückkehr des Keynesianismus, in: APuZ 20/2009, S. 19–26.

Jahren ein Konjunkturprogramm nach dem anderen auflegte, um aus einer deflationären Wirtschaftskrise herauszukommen[54]. Wirtschaftspolitisch war dieser Kurs nur mäßig erfolgreich, finanzpolitisch sogar verheerend. Die japanische Schuldenquote explodierte von 1990 bis 2000 von 68 auf 142 Prozent[55]. Wohl noch nie hat sich ein Staat, der keinen Krieg führte, in so kurzer Zeit so hoch verschuldet. Das Ergebnis deckte sich mit den deutschen Erfahrungen in den 1970er Jahren, als die Konjunkturpolitik weitgehend wirkungslos verpuffte, aber eine hohe Staatsverschuldung hinterließ[56]. Peer Steinbrück lehnte daher Konjunkturprogramme vehement ab, vermochte sich mit dieser Haltung allerdings nicht durchzusetzen[57].

Helmut Schmidt (SPD) hatte in seiner Kanzlerschaft zwischen 1974 und 1982 versucht, die Konjunktur mit insgesamt weit über 60 Milliarden DM anzukurbeln[58]. Mit dieser Strategie vermochte er die „Stagflation" – eine Mischung aus wirtschaftlicher Stagnation und hoher Inflation – jedoch nicht zu überwinden. Es blieb vor allem ein Ergebnis: Die Staatsschulden, die bis dahin relativ niedrig gewesen waren, wuchsen ab 1973/74 beinahe exponentiell an. Wohl nicht zuletzt aufgrund des Erfolgs der ersten Großen Koalition im Krisenjahr 1966/67 hielt Helmut Schmidt so lange an dieser teuren Politik fest[59]. Der ersten bundesdeutschen Rezession wurde unter Füh-

---

[54] Vgl. Toshihiro Ihori/Torun Nakazato/Masumi Kawade, Japan's Fiscal Policies in the 90s, in: Gary R. Saxonhouse/Robert M. Stern (Hrsg.), Japan's Lost Decade. Origins, Consequences and Prospects for Recovery, Malden u. a. 2004, S. 59–72.

[55] Vgl. Monatsbericht des Bundesministeriums der Finanzen vom Januar 2011, S. 87.

[56] So das einmütige Urteil der Wissenschaft. Zusammenfassung bei Claus-Martin Gaul, Konjunkturprogramme in der Geschichte der Bundesrepublik Deutschland: Einordnung und Bewertung der Globalsteuerung von 1967 bis 1982, Berlin 2009 (www.bundestag.de/dokumente/analysen/2009/konjunkturprogramme.pdf). Vgl. z.B. Tim Schanetzky. Die große Ernüchterung, Wirtschaftspolitik, Expertise und Gesellschaft in der Bundesrepublik 1966 bis 1982, Berlin 2007; Monika Hanswillemenke/Bernd Rahmann, Zwischen Reformen und Verantwortung für Vollbeschäftigung. Die Finanz- und Haushaltspolitik der sozial-liberalen Koalition von 1969 bis 1982, Frankfurt a. M. 1997; Alexandra Ehrlicher, Die Finanzpolitik 1967–1976 im Spannungsfeld zwischen konjunkturpolitischen Erfordernissen und Haushaltskonsolidierung, Berlin 1991; Harald Scherf, Enttäuschte Hoffnungen – vergebene Chancen. Die Wirtschaftspolitik der Sozial-Liberalen Koalition 1969–1982, Göttingen 1986.

[57] Vgl. Henrik Enderlein, Finanzkrise und große Koalition: Eine Bewertung des Krisenmanagements der Bundesregierung, in: Egle/Zohlnhöfer (Hrsg.), Zweite Große Koalition, S. 234–253, hier S. 239–244.

[58] Vgl. Gaul, Konjunkturprogramme, S. 14.

[59] Vgl. Hartmut Soell, Helmut Schmidt: Zwischen reaktivem und konzeptionellem Handeln, in: Jarausch (Hrsg.), Ende der Zuversicht, S. 279–295.

rung von Wirtschaftsminister Karl Schiller (SPD) und Finanzminister Franz Josef Strauß (CSU), damals Plisch und Plum genannt, ein Konjunkturprogramm in Höhe von knapp acht Milliarden DM entgegengesetzt. Die Krise war schnell überwunden, und die Verschuldung wurde danach mustergültig abgebaut. Franz Josef Strauß schrieb Ende der 1960er Jahre ein Buch, das sich wie eine Anleitung für erfolgreiche Keynesianer liest[60]. Schiller und Strauß waren damals davon überzeugt, die Konjunktur steuern zu können. Wörtlich formulierte Schiller: „Konjunktur ist nicht unser Schicksal, Konjunktur ist unser Wille."[61] Der wortgewaltige Wirtschaftsminister, ordentlicher Professor der Volkswirtschaftslehre, war davon überzeugt, mit seiner im Stabilitätsgesetz verankerten Globalsteuerung ein *fine-tuning* der Wirtschaft zu erreichen[62]. Ohne dass er dies wollte, weckte sein keynesianischer Steuerungsoptimismus ein Vertrauen in den Staat, das letztlich zu einer deutlichen „Erweiterung des Staatskorridors" führte[63]. Insofern war Schiller, der für kurze Zeit auch Finanzminister war, eine tragische Gestalt der deutschen Finanzgeschichte[64].

Der Erfolg von 1966/67 wiederholte sich in den 1970er Jahren nicht[65]. Konjunkturpolitik erwies sich als die falsche Antwort auf die Ölpreiskrisen von 1973/74 und 1979 sowie auf die strukturelle Verschiebung der Weltwirtschaft in Richtung Fernost. Damals wäre eine angebotsorientierte Wirtschaftspolitik mit dem Ziel einer Steigerung der internationalen Wettbewerbsfähigkeit die adäquatere Strategie gewesen. In einem quälend langen Prozess vollzog sich die Loslösung vom Keynesianismus bereits 1979 unter Finanzminister Hans Matthöfer (SPD)[66], der „die Hinterlassenschaften einer falsch verstandenen ,Keynesianischen Revolution' stillschweigend"[67] beerdigte.

---

[60] Vgl. Franz Josef Strauß, Finanzpolitik. Theorie und Wirklichkeit, Berlin 1969.

[61] Zit. nach Gaul, Konjunkturprogramme, S. 16.

[62] Vgl. Nützenadel, Stunde der Ökonomen, S. 307–343.

[63] Hans-Peter Ullmann, Im Strudel der „Maßlosigkeit"? Die „Erweiterung des Staatskorridors" in der Bundesrepublik der sechziger bis achtziger Jahre, in: ders., Staat und Schulden. Öffentlichen Finanzen in Deutschland seit dem 18. Jahrhundert, hrsg. von Hartmut Berghoff und Till van Rahden, Göttingen 2009, S. 149–162.

[64] Karl Schiller war 1967–1972 Bundeswirtschaftsminister und 1971/72 zusätzlich Bundesfinanzminister; vgl. Torben Lütjen, Karl Schiller (1911–1994). „Superminister" Willy Brandts, Bonn 2007.

[65] Vgl. Nützenadel, Stunde der Ökonomen, S. 344–352.

[66] Vgl. Werner Abelshauser, Nach dem Wirtschaftswunder. Der Gewerkschafter, Politiker und Unternehmer Hans Matthöfer, Bonn 2009.

[67] Werner Abelshauser, Aus Wirtschaftskrisen lernen – aber wie? Krisenszenarien im Vergleich, in: VfZ 57 (2009), S. 467–483, hier S. 480.

Mit der „Wende"[68] von 1982 wurde der Monetarismus von Milton Friedman zum Leitstern der Wirtschaftspolitik. Oskar Lafontaine (SPD) versuchte 1998 eine Kehrtwende zum Keynesianismus, scheiterte damit aber an Bundeskanzler Schröder.

7. Personalausgaben

Im Jahr 2007 betrug der Anteil der sonstigen Ausgaben am Bundeshaushalt 23 Prozent. Dabei handelt es sich um ein Sammelsurium von Positionen: Von der Entwicklungshilfe bis zur Förderung der Forschung und diversen Wirtschaftssubventionen. Auch die Personal- und Sachausgaben für die Bundesverwaltung fallen im Wesentlichen hierunter. Insgesamt machen die Personalausgaben weniger als zehn Prozent des Bundeshaushalts aus[69]. Zum Vergleich: Bei den Kommunen liegt der Anteil bei ungefähr 25 Prozent[70], während die westdeutschen Länder sogar eine (bereinigte) Personalausgabenquote von 37 Prozent[71] aufweisen. Die Bundesministerien verfügen zwar über viele hoch dotierte Stellen, sind im internationalen Vergleich aber relativ klein. So hat das Bundesfinanzministerium in der Berliner Wilhelmstraße zwar ein imposantes Gebäude bezogen, welches seinerzeit großspurig von Hermann Göring geplant worden war[72], doch verglichen mit seinem französischen Pendant in Paris-Bercy nimmt es sich geradezu bescheiden aus. Deutschland ist ein föderaler Staat, in dem ein Großteil des operativen Verwaltungshandelns von Ländern und Kommunen geleistet wird. Das spiegelt sich in den Personalkörpern wider.

Wie sehr der Staatsapparat in den 1960er und vor allem in den 1970er Jahren ausgebaut wurde, zeigt der Anstieg der Beschäftigtenzahlen bei Bund, Ländern und Kommunen von 1,9 Millionen 1960 auf 3,3 Millionen 1980[73]. Die öffentlichen Aufgaben stiegen damals sowohl in ihrer Quantität als auch

---

[68] Vgl. Klaus Zimmermann, Zur Realität von Kurswechseln, Wenden und ähnlichen Manövern aus budgetpolitischer Sicht, in: Der Gemeindehaushalt 9 (1984), S. 208–213.
[69] Der Anteil der Personalausgaben an den gesamten Ausgaben des Bundeshaushalts ist in den letzten Jahrzehnten stark gesunken. Von 16 Prozent 1975, über 15 Prozent 1980 und 11 Prozent 1990 und 2000 auf neun Prozent 2010. Vgl. Monatsbericht des Bundesministeriums der Finanzen vom Januar 2011, S. 74f .
[70] Vgl. Gemeindefinanzbericht 2010, in: Der Städtetag 5/2010, S. 5 (eigene Berechnung).
[71] Vgl. Monatsbericht des Bundesministeriums der Finanzen vom Januar 2011, S. 92 (eigene Berechnung).
[72] Vgl. Laurenz Demps/Eberhard Schultz/Klaus Wettig, Bundesfinanzministerium. Ein belasteter Ort?, Berlin 2002.
[73] Vgl. Norbert Andel, Finanzwissenschaft, Tübingen ⁴1998, S. 207.

in der Qualität. Beispiele sind die Gründung von Hochschulen und der Ausbau des Schulsystems, die einen immensen Mehrbedarf an Personal mit sich brachten.

Unter dem Druck der defizitären Haushalte war es mit der großzügigen Einstellungspraxis spätestens mit Beginn der 1980er Jahre vorbei. Erst die Wiedervereinigung führte durch die aufgeblähten Verwaltungsapparate der DDR zu einem sprunghaften Anstieg der öffentlich Beschäftigten. Besonders drastisch war die Situation in Berlin. Das über Jahrzehnte hoch subventionierte West-Berlin hatte einen unangemessen großen Verwaltungsapparat aufgebaut und vereinigte sich 1990 mit der noch größeren Bürokratie Ost-Berlins. Erst und ausgerechnet ein rot-roter Senat senkte die Beschäftigtenzahlen drastisch. Seit den 1990er Jahren stehen die Vorzeichen im öffentlichen Dienst generell auf Abbau, und zwar nicht nur in Ostdeutschland. Um Kosten zu sparen, haben sämtliche Gebietskörperschaften in den letzten 20 Jahren massiv Personal abgebaut. Diese Leistung ist bemerkenswert, da die Anzahl der Aufgaben und die Anforderungen an die Qualität der öffentlichen Dienstleistungen nicht kleiner geworden sind.

V. Steuerpolitik

1. Entwicklung der Steuerquote

Die Steuerquote der Bundesrepublik hat bis heute stets unter 25 Prozent gelegen, während die Staatsquote zwischenzeitlich fast die magische Grenze von 50 Prozent erreichte. Diese Lücke konnte durch die Steigerung der Abgaben, die neben den Steuern auch die Sozialabgaben und die sonstigen Einnahmen des Staates umfassen, nur zum Teil geschlossen werden. Die Abgabenquote stieg zwar im Gegensatz zur Steuerquote stark an, lag in den letzten 50 Jahren aber stets unterhalb der Staatsquote. Das erklärt zu einem großen Teil die hohe Staatsverschuldung. 1960 hielten sich Staats- und Abgabenquote in etwa die Waage, so dass der Finanzierungssaldo bei exakt Null Prozent lag. Die dramatische Defizitentwicklung von 1974 bis 1982 passt zur klaffenden Lücke zwischen stark steigender Staatsquote und zurückbleibender Abgabenquote beziehungsweise stagnierender Steuerquote. Thilo Sarrazin hat dies so scharfsinnig wie polemisch kommentiert:

> „Es hätte von Anfang an entweder eine stärkere Zurückhaltung bei der Ausgabenentwicklung oder eine Absicherung des geplanten Ausgabenpfades durch dauerhafte Einnahmen geben müssen. So aber dominierten, vereinfacht ausgedrückt, auf der Ausgabenseite des Bundeshaushalts die Vorstellungen der SPD und auf der Einnahmenseite die Vorstellungen der FDP."[1]

Dieses Zitat macht deutlich, was mit „Einnahmenproblem" gemeint ist. Der Staat nimmt zwar Jahr für Jahr gigantisch hohe Summen ein, doch seit 1974 reichen diese Einnahmen nicht, um die stark wachsenden Ausgaben zu decken. Bereits unter der ersten Großen Koalition und dann insbesondere mit Amtsantritt von Willy Brandt (SPD) wurde der Staat ausgebaut. Mehr Aufgaben bedeuten zwangsläufig mehr Ausgaben. Die Reform- und Planungseuphorie wurde durch die erste Ölkrise jäh gestoppt. Nicht zufällig ist 1973 das letzte Jahr gewesen, in dem der Staat einen deutlich positiven Finanzierungssaldo aufweisen konnte[2]. Das Jahr 1973 markiert eine Zäsur in der bundesdeutschen Geschichte. Schlüsselindustrien des „Wirtschaftswunders" wie Stahl, Werften und Unterhaltungselektronik gerieten damals unter dem Druck des globalen Wettbewerbs und der steigenden Energiekosten in eine strukturelle Krise, die auch keine noch so gut gemeinte Kon-

---

[1] Sarrazin, Finanzpolitik, S. 375.
[2] Vgl. Monatsbericht des Bundesministeriums der Finanzen vom Januar 2011, S. 85.

junkturpolitik zu beseitigen vermochte. Seitdem gibt es in der Bundesrepublik eine hohe Sockelarbeitslosigkeit und chronisch defizitäre Haushalte. Als Folge der schwierigen Konjunktur haben die öffentlichen Finanzen mit der Zangenbewegung zwischen hohen Sozialausgaben und nicht mehr so dynamisch wachsenden Steuereinnahmen zu kämpfen.

Abbildung 7: Entwicklung der Steuer-, Abgaben- und Staatsquote, 1900–2010[3]

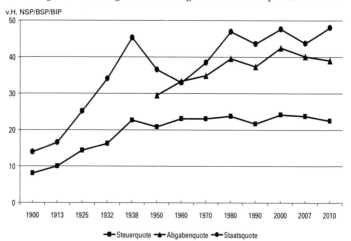

v.H. NSP/BSP/BIP

—■— Steuerquote —▲— Abgabenquote —●— Staatsquote

Im internationalen Vergleich ist die deutsche Steuerbelastung keineswegs überdurchschnittlich hoch, wie Abbildung 8 (S.52) zeigt. Mit einer seit Jahrzehnten bei gut 20 Prozent liegenden Steuerquote befindet sich Deutschland nahe an US-amerikanischen Verhältnissen und unterbietet bei weitem

[3] Steuerquoten für die Jahre 1900 und 1913 (bezogen auf Preußen): vgl. Mark Spoerer, Steuerlast, Steuerinzidenz und Steuerwettbewerb. Verteilungswirkungen der Besteuerung in Preußen und Württemberg (1815–1913), Berlin 2004, S.115f.; Steuerquoten für die Jahre 1925–1950: vgl. Alfons Pausch, Von der Reichsschatzkammer zum Bundesfinanzministerium. Geschichte, Leistungen und Aufgaben eines zentralen Staatsorgans, hrsg. vom Bundesministerium der Finanzen, Bonn 1969, S.171; Steuerquoten für die Jahre 1960–2010: vgl. Monatsbericht des Bundesministeriums der Finanzen vom Januar 2011, S.80; Abgabenquote für das Jahr 1950: vgl. Haushaltsreden. Die Ära Schäffer 1949 bis 1957, bearbeitet von Kurt-Dieter Wagner u.a., Bonn 1992, S.436; Abgabenquoten für die Jahre 1960–2010: vgl. Monatsbericht des Bundesministeriums der Finanzen vom Januar 2011, S.80; Staatsquoten: vgl. Quellenangabe bei Fußnote zu Abbildung 5.

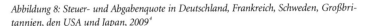

Abbildung 8: Steuer- und Abgabenquote in Deutschland, Frankreich, Schweden, Großbritannien, den USA und Japan, 2009[4]

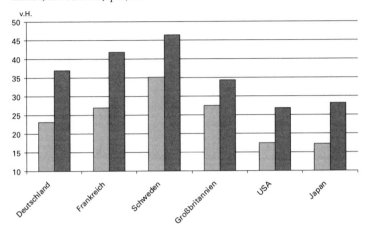

□ Steuerquote ■ Abgabenquote

Großbritannien sowie Frankreich und Schweden. Nur Japan liegt deutlich darunter. Bei der Abgabenquote relativiert sich das Bild ein wenig. Der deutsche Sozialstaat finanziert sich zu einem großen Teil durch Sozialversicherungsabgaben, während in Großbritannien so gut wie alles über den öffentlichen Haushalt und damit im Wesentlichen über Steuern finanziert wird. Im Ergebnis waren die deutsche und die britische Abgabenquote im Jahr 2008 fast identisch, während die französische und schwedische deutlicher darüber lagen. In Amerika ist hingegen die soziale Absicherung zu einem großen Teil Privatangelegenheit, so dass die Abgabenquote deutlich unter den europäischen Werten liegt. Japans Abgabenquote übersteigt diejenige der Steuern zwar deutlich, liegt aber trotzdem nur auf dem amerikanischen Niveau. Der Preis, den Japan dafür zu zahlen hat, besteht in der höchsten Verschuldung eines Industrielands.

[4] Vgl. Monatsbericht des Bundesministeriums der Finanzen vom Januar 2011, S. 88f.; Erläuterung: Abgrenzungsmerkmale der OECD; für Japan: Werte aus dem Jahr 2008.

2. Steuersenkungen

Es leuchtet ein, dass die Steuern in einer seit den 1970er Jahren in der Regel nicht mehr stark wachsenden Volkswirtschaft ebenfalls keine hohen Zuwachsraten mehr aufzuweisen vermochten. Doch die Konjunkturabhängigkeit der Steuern beschreibt nur einen Teil des Einnahmenproblems. Der andere, vermutlich sogar gewichtigere Teil ist in der Steuersenkungspolitik zu suchen. Zwar wurde bereits im Kaiserreich über die Steuerhöhe geklagt, doch war der Spitzensteuersatz bei der Einkommensteuer mit etwa zehn Prozent[5] zumindest aus heutiger Sicht überaus moderat. Eine bis dato unverstellbare Höhe erreichte der Spitzensteuersatz erstmals, als Finanzminister Matthias Erzberger (Zentrum) ihn 1919/20 auf 60 Prozent anhob[6]. Dringender Finanzierungsbedarf im Reichshaushalt, die Bekämpfung der Inflation und aktive Umverteilungspolitik – Erzberger wörtlich: „Ein guter Finanzminister ist der beste Sozialisierungsminister"[7] – waren die Gründe für diese drastische Maßnahme. Nach dem Zweiten Weltkrieg sollte es sogar noch ärger kommen. Die Siegermächte schraubten den Spitzensteuersatz 1946 auf konfiskatorische 95 Prozent[8], um den immensen Geldüberhang der verdeckten Inflation abzuschöpfen.

Die Kleine Steuerreform von 1953 und dann die Große Steuerreform von 1955 führten die Einkommensteuersätze auf gut 50 Prozent zurück. Die Senkung der Steuertarife wurde dann erst wieder von der Regierung Kohl forciert. Getreu ihrer angebotsorientierten Wirtschaftspolitik sollten Ausgaben und Steuern gesenkt werden. Der Schwung, Ausgaben zu senken, hielt allerdings nur zwei Jahre an, also bis 1984[9]. Beim Steuersenken bewies die Bundesregierung einen längeren Atem. Die dreistufige Steuerreform von

---

[5] Der Spitzensteuersatz in Höhe von zehn Prozent erklärt sich durch die Annahme eines kommunalen Einkommensteuerzuschlags von 150 Prozent auf den preußischen Spitzensteuersatz von vier Prozent. Die Einkommensteuerzuschläge unterschieden sich allerdings erheblich. So erhob Dortmund im Jahr 1912 210 Prozent, während der entsprechende Wert in Hannover, einer der reichsten Kommunen des Kaiserreichs, bei lediglich 125 Prozent lag. Vgl. Hansmann, Kommunalfinanzen, S. 36.

[6] Vgl. Ullmann, Steuerstaat, S. 103.

[7] Matthias Erzberger, Reden zur Neuordnung des deutschen Finanzwesens, Berlin 1919, S. 5.

[8] Vgl. hierzu und zum Folgenden Peter Bareis, Die Reform der Einkommensteuer vor dem Hintergrund der Tarifentwicklung seit 1934, in: Paul Kirchhof/Wolfgang Jakob/Albert Beermann (Hrsg.), Steuerrechtsprechung, Steuergesetz, Steuerreform. Festschrift für Klaus Offerhaus zum 65. Geburtstag, Köln 1999, S. 1053–1069, hier insbesondere S. 1063.

[9] Vgl. Suntum, Finanzpolitik in der Ära Stoltenberg.

Finanzminister Gerhard Stoltenberg (CDU) trat in der zweiten Hälfte der 1980er Jahre in Kraft. Der größte Entlastungsschritt kam ausgerechnet zu einem Zeitpunkt, als der Staat im Zuge der deutschen Einheit einen unglaublichen Finanzbedarf hatte. Der Eingangssteuersatz bei der Einkommensteuer sank 1990 von 22 auf 19 Prozent, der Spitzensteuersatz von 56 auf 53 Prozent[10]. Die SPD brandmarkte diese Politik als unsozial, um später „den angebotsökonomischen Kurs ihrer Vorgänger"[11] fortzusetzen. Die rot-grüne Bundesregierung senkte den Spitzensteuersatz von 53 auf 42 Prozent, also um elf Prozentpunkte[12], und kam damit auf den in der Geschichte der Bundesrepublik mit Abstand niedrigsten Wert. Den Eingangssteuersatz senkte Finanzminister Hans Eichel auf 15 Prozent und feierte, angefeuert von grünen Finanzpolitikern, seine Tarifsenkung als „Jahrhundertreform"[13]. Unglücklicherweise platzte die Blase der New Economy, und Deutschland schlitterte in eine vierjährige Rezession. Nicht zuletzt wegen der geschmälerten Steuerbasis verletzte die Bundesrepublik vier Mal in Folge die Maastrichtkriterien. Das war mehr als peinlich; denn es war immerhin Eichels Vorgänger Theo Waigel (CSU) gewesen, der diese Regeln durchgesetzt und Deutschland als Garant für finanz- und währungspolitische Stabilität dargestellt hatte. Wegen der Steuersenkungen unter schlechtem Gewissen leidend und ganz offensichtlich als Reaktion auf den Erfolg der Partei „Die Linke" setzte die SPD in der Großen Koalition dann die sogenannte Reichensteuer durch. Einkommen ab 200 000 Euro werden seit 2007 mit 45 Prozent besteuert[14].

Neben dem stark abgesenkten Einkommensteuertarif wurde auf Geheiß des Bundesverfassungsgerichts der Grundfreibetrag von 2871 Euro 1990 auf 7664 Euro 2004 erhöht. Von dieser massiven Erhöhung und der kräftigen Tarifsenkung profitieren die Besserverdienenden als logische Konsequenz des progressiven Steuertarifs naturgemäß am stärksten. Auch wenn ausschließlich der Grundfreibetrag erhöht worden wäre, hätten die Besserverdienenden zumindest in absoluten Zahlen am meisten profitiert. Ein Rechenbeispiel soll dies verdeutlichen: Würde der Grundfreibetrag im

[10] Vgl. Datensammlung zur Steuerpolitik. Ausgabe 2007, Neuauflage Juli 2008, hrsg. vom Bundesministerium der Finanzen, Berlin 2008, S. 58.

[11] Stefan Bach, Die Unternehmensteuerreform, in: Achim Truger (Hrsg.), Rot-grüne Steuerreformen in Deutschland. Eine Zwischenbilanz, Marburg 2001, S. 47–94, hier S. 87.

[12] Vgl. hierzu und zum Folgenden Datensammlung zur Steuerpolitik, S. 58.

[13] Vgl. Dieter Dziadkowski, 50 Jahre Reformansätze bei der Einkommensteuer. Anmerkungen zu den Reformschritten seit der „Großen Steuerreform 1955", in: Ifo-Schnelldienst 58 (2005), S. 23–29.

[14] Vgl. Datensammlung zur Steuerpolitik, S. 58 f. Die folgenden Angaben finden sich ebenda, S. 55 und S. 35.

nächsten Jahr um 1000 Euro erhöht, würde ein Niedrigverdiener um etwa 200 Euro entlastet und zahlte dann möglicherweise gar keine Einkommensteuer mehr. Ein Großverdiener gewänne jedoch mehr als doppelt so viel, nämlich den Spitzensteuersatz von 42 Prozent multipliziert mit 1000 Euro, was exakt 420 Euro ausmacht.

In der politischen Debatte wird allerdings häufig übersehen, dass durch die Senkung des Spitzensteuersatzes auch die mittleren Einkommen kräftig entlastet werden, weil sich damit der gesamte Tarifverlauf reduziert. Selbst gut informierte Bürger glauben, dass der Tarifverlauf nur den Durchschnittsteuersatz und nicht den Grenzsteuersatz – wie es seit eh und je der Fall ist – beschreibt. Wer beispielsweise mit einem Einkommen von gut 52 000 Euro gerade den Spitzensteuersatz von 42 Prozent erreicht, zahlt einen Durchschnittsteuersatz von ungefähr 27 Prozent. Wer viel abzusetzen vermag, liegt sogar deutlich darunter.

Ist die gigantische Einkommensteuersenkung der Superkoalition von CDU/CSU, FDP, SPD und Grünen ein Beweis für die unsoziale Umverteilungspolitik von unten nach oben? Die Steuerstatistik für das Jahr 2007 zeigt eher, dass die Progression durchaus wirkungsvoll ist. Die reichsten fünf Prozent der Steuerpflichtigen mit einem Einkommen ab 84 300 Euro liefern gut 40 Prozent des Einkommensteueraufkommens, obwohl sie „nur" über knapp 21 Prozent des gesamten Einkommens verfügen. Hingegen tragen die ärmeren 40 Prozent – über 15 Prozent des gesamten Einkommens verfügend – nicht einmal drei Prozent der Einkommensteuerlast. Im Ergebnis lässt sich festhalten, dass die vielen Senkungen des Einkommensteuertarifs sämtliche Steuerpflichtigen massiv entlastet haben. Es gab nur einen Verlierer: Den Staatshaushalt, der durch die Steuersenkungen Löcher in zweistelliger Milliardenhöhe zu verkraften hatte. Selbst nach einem robusten Wirtschaftsaufschwung und deutlichen Gehaltssteigerungen hatte die Lohnsteuer im Jahr 2008 noch nicht das Aufkommen von 1995 erreicht.

Es gibt eine Steuer, die noch stärker gesenkt worden ist als die Einkommensteuer: Die Körperschaftsteuer, die ihrem Charakter nach eine Einkommensteuer insbesondere für Aktiengesellschaften und Gesellschaften mit beschränkter Haftung ist. Es waren sozialdemokratische Finanzminister und Staatssekretäre, die die Körperschaftsteuertarife von 45 Prozent beziehungsweise 30 Prozent (1998) auf zunächst einheitlich 25 Prozent (2001) und dann noch einmal auf 15 Prozent (2008) senkten[15]. Das Jahr 2001 wurde dabei zum

---

[15] Vgl. Frank Blasch, Steuerreformen und Unternehmensentscheidungen. Eine empirische Analyse der deutschen Steuerpolitik mit besonderem Schwerpunkt auf die

kompletten Desaster. Die Körperschaftsteuer brach von knapp 24 Milliarden Euro auf einen Minuswert ein; die Finanzämter mussten also mehr auszahlen als sie einnahmen. Das hatte drei Gründe[16]: Die Mindereinnahmen waren erstens die Folge der beabsichtigen deutlichen Tarifsenkung, zweitens setzte eine Rezession ein, und drittens wurde das Bundesfinanzministerium davon überrascht, dass die Unternehmen im großen Stil ihre Gewinnrücklagen auflösten und ausschütteten. Bis dato wurden die thesaurierten, also im Unternehmen behaltenen Gewinne, höher besteuert als die ausgeschütteten Gewinne. Wer später Gewinnrücklagen auflöste und an die Anteilseigner ausschüttete, erhielt eine Steuererstattung in Höhe des Differenzbetrags, der sich aus den unterschiedlichen Steuersätzen ergab[17]. Ironischerweise geißelte der Kanzlerkandidat Edmund Stoiber (CSU) im Wahlkampf des Jahres 2002 diese Entlastung der Unternehmen als unsozial. Die Schlagzeilen in den Medien lauteten „Paradies für Konzerne"[18] und „Das größte Geschenk aller Zeiten"[19].

Völlig überraschend enthielt die Steuerreform von 2000/01 mit der Steuerfreiheit für Beteiligungsverkäufe ein weiteres wichtiges Element[20]. Für die Unternehmen bestand als Folge ein hoher Anreiz, ihre Beteiligungen zu verkaufen, da sie ihre Buchgewinne, also die stillen Reserven, nicht mehr zu versteuern brauchten. Die miteinander verwobene Deutschland AG, in der die großen Unternehmen untereinander Überkreuzbeteiligungen besaßen, löste sich rasend schnell auf. Das alles war im Wesentlichen das Werk von Finanzstaatssekretär Heribert Zitzelsberger, der die Steuerabteilung der Bayer AG geleitet hatte, bevor ihn Hans Eichel ins Bundesfinanzministerium holte[21].

Wie wenig die Unternehmen mittlerweile den deutschen Staat finanzieren, zeigt sich daran, dass sich der Anteil der Gewerbe- und Körperschaftsteuer am gesamten Steueraufkommen von 1960 bis 2008 von 20 auf zehn Prozent halbiert hat. Auf welch niedrigem Niveau sich dabei die Körperschaftsteuer seit langer Zeit befindet, wird beim Vergleich mit der Lohnsteuer

Steuerreform 2000, Frankfurt a.M. u.a. 2008, S.86f., und Die Unternehmensteuerreform 2008 in Deutschland, in: Monatsbericht des Bundesministeriums der Finanzen vom März 2007, S. 87–99, hier S. 92.
[16] Vgl. Blasch, Steuerreformen, S. 105–152.
[17] Da die Dividenden zu besteuern waren, stieg allerdings das Aufkommen der Kapitalertragsteuer an.
[18] Der Spiegel vom 28.1.2002, S.88.
[19] Zeit-online vom 8.9.2005.
[20] Vgl. hierzu und zum Folgenden Blasch, Steuerreformen, S.179–192.
[21] Vgl. Zeit online vom 8.9.2005.

deutlich. Die folgende Abbildung weist in aller Deutlichkeit darauf hin, wie
rasant die Einkommensteuerzahlungen der abhängig Beschäftigten zumindest
bis Mitte der 1990er Jahre gestiegen sind, während die Einkommensteuer
der Unternehmen seit Jahrzehnten stagniert oder sogar zurückgeht.

Abbildung 9: Entwicklung der Lohn- und Körperschaftsteuer, 1950–2009 [22]

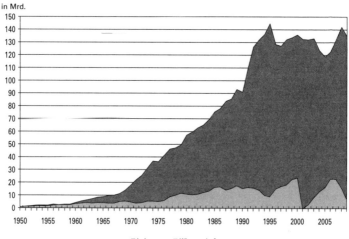

■ Lohnsteuer ▨ Körperschaftsteuer

Wenn es irgendwo eine Gerechtigkeitslücke im Steuersystem gibt, dann an
dieser Stelle. Dieses Faktum kann nicht mit dem Hinweis entkräftet werden,
dass die Unternehmen auch Gewerbesteuer zahlen müssen. Den Arbeitnehmern wird ebenfalls mehr als die Lohnsteuer abverlangt. So zahlen sie
beim Konsum zumindest einen großen Teil der Mehrwertsteuer, nämlich
denjenigen, den die Unternehmen auf die Preise abwälzen können. Wenn
man die Ursachen für die unterschiedliche Entwicklung von Lohn- und
Körperschaftsteuer ergründen möchte, so muss zunächst gefragt werden,
wann sich diese Schere eigentlich zu öffnen begann. In den Jahren 1950
und 1960 überstieg das Aufkommen der Lohnsteuer dasjenige der Körperschaftsteuer um etwa 25 Prozent. Erst ab Ende der 1960er Jahre begann der
Abstand größer zu werden.

---

[22] Vgl. www.bundesfinanzministerium.de/nn_4158/DE/Wirtschaft_und_Verwaltung/
Steuern/Steuerschaetzung_einnahmen/Steuereinnahmen/0601011a6002.htm.

Die 1970er Jahre waren zweifellos ein schwieriges Jahrzehnt für die bis dahin so erfolgsverwöhnten Unternehmen. Hohe Gehaltssteigerungen und inflationsbedingte Mehreinnahmen infolge der kalten Progression ließen das Lohnsteueraufkommen rasant ansteigen, während die Unternehmensgewinne und damit auch die Körperschaftsteuer schrumpften. Wettbewerber aus Asien, insbesondere aus Japan und Taiwan, rollten die Märkte auf, während die deutsche Exportindustrie nicht mehr durch eine unterbewertete Währung geschützt war. Der Strukturwandel zog eine ganze Reihe von vormals starken Branchen in die Krise, was aber nur die Entwicklung bis in die 1980er Jahre hinein zu erklären vermag. Warum vergrößerte sich der Abstand zwischen Lohn- und Körperschaftsteuer in den folgenden Jahrzehnten jedoch immer weiter? Spätestens mit stagnierenden Reallöhnen und den Exporterfolgen der letzten 20 Jahre hätte der Abstand eigentlich wieder kleiner werden müssen. Drei Gründe erklären die gegenläufige Entwicklung: Erstens ist die Körperschaftsteuer weit konjunkturanfälliger als die Lohnsteuer. Brechen die Gewinne in Folge einer Rezession ein – wie 2009 geschehen – sinken auch die Unternehmensteuern rapide. Zweitens wurde die Körperschaftsteuer viel stärker gesenkt als die Einkommensteuer. Drittens – und dies ist vermutlich entscheidend – schaffen es zumindest die großen Unternehmen, ihre Steuerzahlungen zu optimieren, was zweifellos mit der seit den 1970er Jahren einsetzenden Globalisierung zu tun hat. Dem Gesetzgeber ist es bisher trotz vieler Versuche nicht gelungen, den grenzüberschreitenden Verrechnungsmöglichkeiten Einhalt zu gebieten. Am Ende sinkt die Bemessungsgrundlage der Körperschaftsteuer häufig gegen Null, so dass der Steuersatz beinahe gleichgültig ist. Das deutsche Steuersubstrat, also die zu versteuernden Unternehmensgewinne, schmilzt im Zuge der Globalisierung wie der Schnee in der Sonne. Der Wirtschaftswissenschaftler Lorenz Jarass ist sogar der Meinung, dass das deutsche Steuersystem zu internationalen Steuersparmodellen geradezu einlädt[23].

Über Jahrzehnte hat der Gesetzgeber auch eine andere Säule des Steuersystems immer krisenanfälliger gemacht. Die Rede ist von der Gewerbesteuer, die früher auch nach der Lohnsumme und dem Kapital erhoben wurde, seit 1997 jedoch nur noch nach dem Ertrag[24]. Im Unterschied zur Körperschaftsteuer besitzt die Gewerbesteuer einige Elemente, die sie ertrags-

[23] Vgl. Lorenz Jarass, Schieflage durch Privilegien, in: Das Parlament vom 11.2.2008, S. 14.
[24] Vgl. Marc Hansmann, Das mutwillig erzeugte Einnahmenproblem. Die Steuerpolitik der letzten Jahrzehnte und ihre Auswirkung auf die kommunalen Haushalte, in: Verwaltung und Management 16 (2010), S. 236–242, hier S. 236–238.

unabhängiger macht. Mit der Unternehmensteuerreform von 2008 wurde die Ertragsunabhängigkeit etwas verstärkt[25]. Das war eine bemerkenswerte Abkehr des Bundesfinanzministeriums von seiner bisher verfolgten Linie. Vermutlich unter dem Eindruck des Körperschaftsteuerdesasters von 2001 hat das Ministerium erkannt, dass eine weniger am Gewinn orientierte Besteuerung das deutsche Steuersubstrat in der Globalisierung und im Konjunkturabschwung zu stabilisieren vermag. Bei der 2010 eingesetzten Gemeindefinanzkommission wurde allerdings abermals die Abschaffung der Gewerbesteuer[26] beziehungsweise alternativ der ertragsunabhängigen Elemente geprüft.

Die objektbezogene Gewerbesteuer wird zwar von der Mehrzahl der Ökonomen wegen ihrer substanzbesteuernden Wirkung abgelehnt, ist aber die mit Abstand wichtigste Einnahmequelle zumindest der deutschen Großstädte[27]. Daher ist es nicht verwunderlich, dass die Reformvorhaben sowohl der Gemeindefinanzen als auch der Unternehmensteuern immer wieder um diesen Punkt kreisen. Zwei mächtige Interessenverbände, die kommunalen Spitzenverbände und die Unternehmerverbände, stoßen bei der Unternehmensbesteuerung zwangsläufig aufeinander, so dass eine tiefgreifende Reform im Grunde nicht gelingen kann.

3. Aushöhlung der Steuerbasis

Während sich Politik und Öffentlichkeit vor allem mit der Höhe des Steuertarifs beschäftigen, wird die Frage vernachlässigt, was eigentlich besteuert werden soll. Die Besteuerungs- oder Bemessungsgrundlage ist aber gerade für die Einkommensteuer entscheidend. Je höher die Abzugsmöglichkeiten und die Einzelfallgerechtigkeit sind, desto komplizierter ist das Steuerrecht und desto geringer wird auch das Steueraufkommen.

Durch die vom Arbeitgeber an der Quelle eingezogene Lohnsteuer kommt der Staat relativ leicht an sein Geld, auch wenn ein Teil davon wieder erstattet werden muss. Weit schwieriger ist es für das Finanzamt, die Besteuerung von Kapitaleinkünften durchzusetzen. Daher wurde ab 2009 die Abgeltungsteuer eingeführt, die Zinsen, Dividenden und realisierte Kursgewinne pauschal mit 25 Prozent besteuert[28]. Mit der Abschaffung der

---

[25] Vgl. Unternehmensteuerreform 2008, S. 93.
[26] Vgl. Bundespolitik und Kommunalfinanzen, in: Monatsbericht des Bundesministeriums der Finanzen vom September 2010, S. 40–51, hier S. 46.
[27] Vgl. allgemein Marc Hansmann (Hrsg.), Kommunalfinanzen in der Krise. Problemlagen und Handlungsansätze, Berlin 2011.
[28] Vgl. Unternehmensteuerreform 2008, S. 95.

progressiven Besteuerung der Kapitaleinkünfte hat der Gesetzgeber gegen ein Grundprinzip der deutschen Einkommensbesteuerung verstoßen. Die synthetische Einkommensteuer, in der alle Einkünfte zusammengerechnet und dann besteuert werden, ist damit durchbrochen[29]. Diese Zäsur im deutschen Steuerrecht kam unerwartet, ja beinahe überfallartig. Es ist schwer abzuschätzen, ob diese Reform zu dauerhaften Mindereinnahmen führt. Auf den ersten Blick werden Besserverdienende entlastet, da ihr individueller Steuersatz höher als 25 Prozent liegt. Doch schon Karl Marx erkannte, dass Kapital extrem flüchtig ist. Während Deutschland jahrelang den Weg einer verstärkten Kontrolle der Kapitaleinkünfte gegangen ist, unter anderem durch die Aushöhlung des Bankgeheimnisses, sollte durch die Abgeltungsteuer ein Anreiz geschaffen werden, das Kapital in Deutschland zu belassen. Ob dies wirklich gelingt, wird die Zukunft zeigen. Sowohl die Abgeltungsteuer als auch eine *Flat tax* mit einem einheitlichen Steuersatz werden in Deutschland als ungerecht empfunden[30]. Radikalreformer wie Paul Kirchhof machten früher oder später die Erfahrung, dass die Deutschen eine progressive Besteuerung wünschen.

Nicht nur die Besteuerung der Zinsen bringt dem Staat bemerkenswert geringe Einnahmen, sondern auch die Einkunftsart „Mieten und Pachten". Aus einer detaillierten Auswertung des Bundesfinanzministeriums geht hervor, dass die Einkünfte aus Vermietung und Verpachtung zumindest in den Jahren 1998, 2001 und 2002 negativ waren[31]. Zweifellos muss ein Gebäude unterhalten werden und benötigt nach zehn, spätestens 20 Jahren eine Grundsanierung. Aber machen deswegen die Vermieter wirklich Verluste? Im Ergebnis schaffen sie es offensichtlich, so viel Aufwand steuermindernd geltend zu machen, dass sie keine oder kaum Steuern zahlen müssen. Insbesondere die Finanzierungskosten und die Abschreibungen fallen dabei ins Gewicht. Die Zinsen für einen für den Wohnungskauf aufgenommenen Kredit sowie die Höhe des jährlichen Wertverlusts können abgesetzt werden, wenn die Wohneinheit nicht selbst genutzt wird. Selbst wenn der Kapitaldienst dazu führt, dass eine vermietete Wohnung bis auf weiteres keine Gewinne abwirft, so bleibt doch am Ende die erhebliche Steigerung des Vermögens, das seit der Abschaffung der Vermögensteuer nicht mehr versteuert wird.

[29] Vgl. Andreas Richter, Abgeltungsteuer: Auswirkung auf die Besteuerung von Kapitaleinkünften, Hamburg 2009, S. 41 f.
[30] Vgl. Protokoll der 57. Sitzung des Bundestags-Finanzausschusses am 5. 7. 1997: Stellungnahme Stefan Homburgs zum „Entwurf eines Unternehmensteuerreformgesetzes 2008".
[31] Vgl. Datensammlung zur Steuerpolitik, S. 19.

Bevor die moderne Einkommens- und Umsatzbesteuerung entstand, basierten die Steuersysteme traditionell auf Ertragsteuern, die auf Erträge aus Besitz (etwa Grund und Boden, Gebäude oder Gewerbebetriebe) erhoben wurden. Diese Erträge wurden auf der Grundlage äußerer Merkmale wie Grundstücksgröße oder Anzahl der Fenster geschätzt[32]. Das folgte einem einfach zu verstehenden Konzept, war in der Praxis aber nicht immer leicht umsetzen, da es insbesondere ein gut gepflegtes Kataster voraussetzte. Spätestens mit der Industriellen Revolution reichte die Veranlagung nach äußeren Merkmalen nicht mehr aus. Wollte sich der Fiskus dynamische Steuerquellen erschließen, die sich analog zur Industrialisierung entwickelten, brauchte es einen Umbau des Steuersystems. Nur der Zugriff auf „unfundierte" Einkünfte, also insbesondere Löhne, Gehälter und Kapitalzinsen gewährleistete dies. Dazu mussten die Bürger allerdings zum ersten Mal in der Geschichte dem Staat ihr vollständiges Einkommen offenlegen. Dagegen gab es erheblichen Widerstand. So schrieb der Finanzwissenschaftler Constantin Rößler im Jahr 1873:

„Ganz verwerflich als eine Ausgeburt verkehrtester Finanzpolitik ist die sogenannte Fassion. Dieselbe besteht darin, dass der Steuerpflichtige den betreffenden Staatsbeamten sein Einkommen summschremmerarisch am liebsten haarklein darlegt. [...] Die Folge ist aber allerwege, dass dem Staat eine schwere Last von Lügen aufgebürdet wird, deren Schuld ganz allein auf ihn fällt. Denn das gestellte Verlangen ist eine Thorheit und eine Rechtsüberschreitung. [...] Die Fanatiker der Fassion, welche Theils pedantische Ausläufer der Bureaukratie theils Kinder eines unreifen Idealismus sind, [...] diese Fanatiker haben zuweilen terroristische Maßregeln vorgeschlagen, um die Wirksamkeit der Fassion zu sichern, z.B. [...] inquisitorische Befugnisse der Behörden. Die Folge wird stets sein, dass man vieles Vermögen aus dem Lande scheucht, anderem [Vermögen] Verbergungskünste aufdrängt. [...] Es ist sehr schlimm, wenn es ein Gebiet gibt, wo beinahe jedermann lügt, wo jeder vom anderen weiß, dass er lügt, und doch der Schein der Wahrheit immerfort erheuchelt werden muss. Der Staat hat nach dem Einkommen gar nichts zu fragen."[33]

So übertrieben diese Kritik aus heutiger Sicht auch scheint, so verweist sie doch auf ein grundsätzliches Problem. Die meisten Steuerpflichtigen versuchen, ihre Besteuerungsgrundlage zu schmälern. Das ist ein Grund, warum die Steuererklärungen so viel Zeit in Anspruch nehmen. Das Finanzamt zwingt keine Privatperson, Quittungen zu sammeln. Nur das bisweilen zwanghaft anmutende Ziel, so wenig Steuern wie möglich zahlen zu wollen,

---

[32] Vgl. hierzu und zum Folgenden Eckart Schremmer, Warum die württembergischen Ertragsteuern von 1821 und die sächsischen Einkommensteuer von 1874/78 so interessant sind, Stuttgart/Leipzig 2002, S. 7–10.
[33] Zit. nach ebenda, S. 31. Vgl. auch Spoerer, Steuerlast, S. 15.

macht die Steuererklärung so aufwändig. Es ist zwar völlig richtig, dass Unternehmen ihre Betriebsausgaben und natürliche Personen ihre Werbungskosten von der Steuer absetzen beziehungsweise mit den Einnahmen verrechnen können. Daher sah bereits das erste preußische Einkommensteuergesetz den Abzug von Werbungskosten vor. Allerdings stellt sich die Frage, in welchem Umfang dies erfolgen soll. Zudem ist die Unterscheidung zwischen Werbungskosten und Steuersubvention nicht einfach, wie die folgenden Beispiele zeigen:

Erstens: Warum sind Zuschläge für Nachtarbeit steuerfrei? Diese Steuervergünstigung, die heute ungefähr zwei Milliarden Euro kostet[34], wurde 1940 von den Nationalsozialisten eingeführt, um die Nachtarbeit in der Rüstungsproduktion zu fördern[35]. Als Paul Kirchhof, der Schattenfinanzminister Angela Merkels im Bundestagswahlkampf 2005, der Überzeugung Ausdruck gab, dass die Bezahlung der Nachtzuschläge die alleinige Aufgabe der Arbeitgeber sei und nicht durch eine Steuerbefreiung subventioniert werden sollte, schüttelten selbst wohlmeinende CDU-Anhänger den Kopf. Der „Professor aus Heidelberg", wie ihn Gerhard Schröder polemisch nannte, belastete durch solche Aussagen den Wahlkampf der Union erheblich[36]. Eine Subvention abzuschaffen, die als zutiefst gerecht empfunden wird, ist offenbar so gut wie unmöglich. Allerdings dürfte es kaum gerecht sein, dass angestellte Hebammen oder Taxifahrer diese Steuervergünstigung erhalten, während Selbstständige in derselben Branche leer ausgehen[37]. In der Tat verdienen alle Menschen, die nachts arbeiten müssen, einen Zuschlag. Die Frage ist nur, ob der Staat dies zu bezahlen hat.

Zweitens: Warum kann ein Ehepaar seine Steuerlast deutlich reduzieren, wenn Mann und Frau unterschiedlich viel verdienen? Es leuchtet ein, dass der Staat Kinder fördert, aber die Ehe? Immerhin hatten im Jahr 2003 43 Prozent der Ehepaare, die vom Ehegattensplitting profitieren, keine steuerlich zu berücksichtigenden Kinder[38]. Der Staat fördert in Wirklichkeit das Leitbild der Hausfrauenehe; denn die größte Ersparnis entsteht, wenn die Frau überhaupt nicht mehr arbeitet. Über den Sinn und die Charakterisierung

---

[34] Vgl. 21. Subventionsbericht. Bericht der Bundesregierung über die Entwicklung der Finanzhilfen des Bundes und der Steuervergünstigungen für die Jahre 2005–2008, hrsg. vom Bundesministerium der Finanzen, Berlin 2007, S. 19.

[35] Vgl. Götz Aly, Hitlers Volksstaat. Raub, Rassenkrieg und nationaler Sozialismus, Frankfurt a. M. 2005, S. 70.

[36] Vgl. Der Spiegel vom 10. 10. 2005, S. 44 ff.

[37] Vgl. Stefan Homburg, Allgemeine Steuerlehre, München ⁶2010, S. 175.

[38] Vgl. Ulrike Spangenberg, Neuorientierung der Ehebesteuerung: Ehegattensplitting und Lohnsteuerverfahren, Düsseldorf 2005, S. 25.

des Ehegattensplittings als Steuersubvention kann gestritten werden[39]. Auf jeden Fall kostet es mindestens 20 Milliarden Euro im Jahr[40].

Drittens: Die Ausgaben für Berufskleidung gehören eindeutig zu den Werbungskosten. Doch wo wird die Grenze gezogen? Warum kann ein Krankenpfleger seine Berufskleidung absetzen, ein Verkäufer seinen Anzug jedoch nicht?

Viertens: Von der Pendlerpauschale profitierten vor allem die Besitzer von Eigenheimen im Grünen, die in der Stadt arbeiten. Damit ist ein steuerlicher Anreiz entstanden, die Landschaft zu zersiedeln. Zudem werden die Steuereinnahmen der Kernstadt strukturell geschwächt. Allerdings hat die Pendlerpauschale ihre Berechtigung, da die Menschen zur ihrer Arbeitsstätte fahren, um Einkommen zu erzielen. Es handelt sich demnach um Werbungskosten und nicht um eine Steuersubvention. Daher hat das Bundesverfassungsgericht die von Peer Steinbrück durchgesetzte Reduzierung der Pendlerpauschale auf Entfernungen über 20 Kilometer kassiert[41]; die Grenze – ein Kompromiss aus Politik und Wahltaktik –, war willkürlich gesetzt. Es hat übrigens Tradition, dass die Anerkennung von Fahrtkosten vor Gericht erstritten werden muss. So argumentierte bereits vor über 100 Jahren das preußische Oberverwaltungsgericht, „wenn der Erwerbende sich nicht zu seiner Arbeitsstelle begibt, so verdient er auch nichts"[42]. Eine gesetzliche Regelung kam erst 1920, wobei nur die Kosten für die Nutzung öffentlicher Verkehrsmittel als abzugsfähig anerkannt wurden. Dass auch Kosten aus der Nutzung privater Fahrzeugs geltend gemacht werden konnten, musste 1955 wiederum vor Gericht erstritten werden. Damals wurde ein Pauschalbetrag eingeführt, der – in Verkehrung der Regelung aus dem Hause Steinbrück – nur bis zu einer Entfernung von 40 Kilometern galt.

Fünftens: Nach mehreren gescheiterten Versuchen ist es hingegen 2005 gelungen, eine große Steuersubvention auslaufen zu lassen[43]. Die Rede ist von der Eigenheimzulage, die zwischen neun und zehn Milliarden Euro pro

---

[39] Einen Überblick über pro und contra gibt Barbara Seel (Hrsg.), Ehegattensplitting und Familienpolitik, Wiesbaden 2007.

[40] Vgl. Spangenberg, Neuorientierung, S. 23. Bei Christine Färber/Ulrike Spangenberg/Barbara Stiegler, Umsteuern. Gute Gründe für ein Ende des Ehegattensplittings, Bonn 2008, wird ein Splittingvolumen von 27 Milliarden angegeben.

[41] Vgl. die Entscheidung des Bundesverfassungsgerichts (2 BvL 1/07) vom 9. 12. 2008 (www.bverfg.de/entscheidungen/ ls20081209_ 2bvl000107.html).

[42] Zit. nach Klaus Tipke, Das Netto-Prinzip – Angriff und Abwehr, dargestellt am Beispiel der Werkstorprinzips, in: Betriebs-Berater 62 (2007), S. 1525–1533, hier S. 1529.

[43] Vgl. 21. Subventionsbericht, u. a. S. 5.

Jahr gekostet hat[44]. Dieses Beispiel verdeutlicht, dass es bei Steuervergünstigungen neben der verteilungspolitischen Zielsetzung häufig auch um Wirtschaftsförderung – in diesem Fall der Bauindustrie – geht. Bundesfinanzminister Schäffer fing damit nach 1949 im großen Stil an, allerdings nicht freiwillig, da er ein sparsamer Haushälter alter Schule war. Eher machte er aus der Not, also den hohen, von den Siegermächten auferlegten Steuersätzen, eine Tugend und förderte massiv die „Selbstfinanzierung" der Unternehmen. Großzügige Abschreibungsregelungen und niedrige Steuern für einbehaltene Gewinne schufen starke Investitionsanreize. Die Unternehmen wurden letztlich vor die Wahl „Investition oder Finanzamt" gestellt[45]. Diese geschickte, aber letztlich nur aus der Not geborene Taktik beschleunigte die wirtschaftliche Entwicklung deutlich und war für das „Wirtschaftswunder" möglicherweise sogar von größerer Bedeutung als der Marshall-Plan. Allerdings waren die langfristigen Folgen verheerend. Kirchhof formuliert es folgendermaßen: „Von diesem Strukturfehler überhöhter Steuersätze und löchriger Bemessungsgrundlagen hat sich das deutsche Steuerrecht bis heute nicht erholt."[46]

Zwischen 1967 und 1980 versuchte der Staat – auch mit dem Instrument der Einkommensteuer – eine konjunkturgerechte Finanzpolitik zu betreiben. Diese Steuerungsversuche führten zu zusätzlichen Subventionen beziehungsweise Abzugsmöglichkeiten. Die Bemessungsgrundlage „verluderte"[47] zunehmend. Sämtliche bereits seit den 1950er Jahren unternommenen Versuche, diese Entwicklung zu stoppen und das Steuerrecht grundlegend zu reformieren, scheiterten. Auch der Regierung Kohl gelang trotz anders lautender Rhetorik keine umfassende Steuerreform[48]. Einer der dreistesten Fälle hemmungsloser Klientelpolitik fiel just in diese Zeit. Ex-Bundesfinanz-

---

[44] Vgl. 18. Subventionsbericht. Bericht der Bundesregierung über die Entwicklung der Finanzhilfen des Bundes und der Steuervergünstigungen für die Jahre 1999–2002, hrsg. vom Bundesministerium der Finanzen, Berlin 2001, S. 21.

[45] Vgl. Dietrich Yorck, Franz Etzel als Finanzpolitiker, in: Historisch-politische Mitteilungen 2 (1995), S. 173–187, hier S. 177.

[46] Paul Kirchhof, Der sanfte Verlust der Freiheit. Für ein neues Steuerrecht – klar, verständlich, gerecht, München/Wien 2004, S. 10.

[47] Klaus Tipke, Ein Ende dem Einkommensteuerwirrwarr!? Rechtsreform statt Stimmenfangpolitik, Köln 2006, S. 8.

[48] Vgl. Ulrich Johann, Die Steuergesetzgebung in der Bundesrepublik Deutschland von 1983 bis 1998. Die Zeit der christlich-liberalen Koalition, Frankfurt a. M. u. a. 2006, sowie Norbert Andel, Die Steuerreformen der 80er Jahre: Erreichtes und Aufgeschobenes, in: Diether Döring/Paul Bernd Spahn (Hrsg.), Steuerreform als gesellschaftliche Aufgabe der neunziger Jahre, Berlin 1991, S. 23–39.

minister Franz Josef Strauß setzte als mächtiger CSU-Chef und bayerischer Ministerpräsident durch, den Kraftstoff von Privatfliegern von der Mineralölsteuer zu befreien[49]. Er bediente damit übrigens nicht etwa gezielt seinen bayerischen Anhang, sondern schlimmer: Strauß war selbst begeisterter Hobbypilot.

Die Höhe der gesamten Steuersubventionen ist nicht ganz einfach zu bestimmen. Das Grundproblem liegt darin, den Begriff eindeutig zu definieren. Die Pendlerpauschale verdeutlicht diese Problematik. Wenn das Werkstorprinzip als maßgebend betrachtet wird, dann ist der Weg zur Arbeit und nach Hause Privatsache. Das entspricht allerdings nicht der deutschen Tradition, weder in der Rechtsprechung noch in der Wissenschaft[50]. Demnach handelt es sich bei der Pendlerpauschale um Werbungskosten und nicht um eine Steuersubvention.

Im Subventionsbericht der Bundesregierung werden Steuervergünstigungen als „spezielle steuerliche Ausnahmeregelungen [...], die für die öffentliche Hand zu Mindereinnahmen führen", definiert[51]. In der Tendenz betrachtet das Bundesfinanzministerium eine steuerliche Regelung nicht als Subvention, wenn der Kreis der Begünstigten sehr groß ist. Daher werden beispielsweise die Mindereinnahmen infolge der ermäßigten Mehrwertsteuersätze auf Lebensmittel und der Nichtbesteuerung der Wohnungsmieten nicht als Subvention aufgeführt. Um bei der Mehrwertsteuer zu bleiben[52]: Wie ist aber die Befreiung von Krankenhäusern, Altenheimen und ärztlichen Leistungen oder der ermäßigte Steuersatz auf kulturelle Leistungen – einschließlich pornographischer Erzeugnisse – zu bewerten? Hier wird mittels des Steuersystems Sozial- und Kulturpolitik gemacht. Oder ein anderes anschauliches Beispiel: Was rechtfertigt den ermäßigten Steuersatz auf Schnittblumen, die ohne Zweifel doch eher ein Luxusartikel sind? Auch Futtermittel werden steuerlich subventioniert, Babywindeln hingegen nicht.

---

[49] Vgl. Tipke, Einkommensteuerwirrwarr, S. 42. Gewerblich genutztes Kerosin für Düsenjets ist ebenfalls steuerbefreit, was eine erhebliche Subventionierung insbesondere für große Airlines darstellt.

[50] Vgl. Tipke, Netto-Prinzip.

[51] Vgl. 21. Subventionsbericht, S. 8.

[52] Vgl. hierzu und zum Folgenden Roland Ismer u. a., Analyse und Bewertung der Strukturen von Regel- und ermäßigten Sätzen bei der Umsatzbesteuerung unter sozial-, wirtschafts-, steuer- und haushaltspolitischen Gesichtspunkten. Endbericht eines Forschungsgutachtens im Auftrag des Bundesministeriums der Finanzen, Saarbrücken 2010; Bericht nach § 99 BHO über den ermäßigten Umsatzsteuersatz. Vorschläge für eine künftige Ausgestaltung der Steuerermäßigung, hrsg. vom Bundesrechnungshof, Bonn 2010; zum Folgenden vgl. ebenda, S. 31 ff.

Diese Beispiele könnten beliebig weitergeführt werden. Sie zeigen, dass es ein gerechtes Steuersystem nie geben wird. Zugleich wird aber auch deutlich, dass Ausnahmen immer eine gefährliche Gratwanderung sind. Im Zweifelsfall stecken Lobbygruppen dahinter. Die CSU hat 2007 durchgesetzt, dass Skilifte nur noch mit dem ermäßigten Mehrwertsteuersatz von sieben Prozent besteuert werden. Das war möglicherweise ein großer Erfolg für Bayern, sicherlich aber ein schwere Niederlage für das Steuersystem. In der öffentlichen Wahrnehmung noch verheerender war die Minderung der Mehrwertsteuer auf Hotelübernachtungen, die nach der gewonnenen Bundestagswahl 2009 von der FDP durchgesetzt wurde. Auch die rot-grüne Bundesregierung hatte zuvor die Steuersubventionen ausgebaut, und zwar im Zusammenhang mit der Einführung der Öko-Steuer. Ausgerechnet die energieintensiven Branchen wurden weitgehend davon befreit, was eine Entlastung in Höhe von rund sechs Milliarden Euro ausmachte[53].

Der Subventionsbericht der Bundesregierung beziffert die Summe der Steuervergünstigungen für 2008 auf 27 Milliarden Euro und die Auswirkungen von „sonstigen steuerlichen Regelungen" auf zusätzlich 30 Milliarden Euro. Das Kieler Institut für Weltwirtschaft legt den Begriff der Steuervergünstigungen weiter aus und kommt auf einen Wert von knapp 49 Milliarden Euro[54]. Nach einer von Roland Koch (CDU) und Peer Steinbrück zusammengestellten Liste von 2003 betrugen die Steuersubventionen sogar 83,5 Milliarden Euro[55].

Zusammenfassend lässt sich sagen, dass die Möglichkeiten zur Steuergestaltung während des gesamten 20. Jahrhunderts durch den Gesetzgeber gezielt vergrößert worden sind. Daher waren die nominalen Steuersätze hoch, während das Steueraufkommen weit unter dem blieb, was aufgrund des Steuertarifs eigentlich zu erwarten gewesen wäre.

4. Direkte versus indirekte Steuern

Konservative bevorzugen in der Regel indirekte Steuern, nicht zuletzt um ihre vermögende Klientel zu schonen. Prominentester Vertreter dieser Politik dürfte Otto von Bismarck gewesen sein, der 1879 ausführte:

---

[53] Vgl. hierzu und zum Folgenden 21. Subventionsbericht, S. 18, S. 92 und S. 105.
[54] Vgl. Alfred Boss/Astrid Rosenschon, Der Kieler Subventionsbericht: eine Aktualisierung, Kiel 2008, S. 18.
[55] Vgl. Roland Koch/Peer Steinbrück, Subventionsabbau im Konsens, Wiesbaden 2003.

„Ich werfe also dem jetzigen Zustande vor, daß er viel zu viel von den direkten Steuern verlangt, zu wenig von den indirekten, und ich strebe danach, direkte Steuern abzuschaffen und [...] durch indirekte Steuern zu ersetzen."[56]

Bis zu seinem unfreiwilligen Abgang im Jahr 1890 hatte der Reichskanzler – in Personalunion auch preußischer Ministerpräsident – eine Einkommensteuer in Preußen verhindert. Das erste preußische Einkommensteuergesetz wurde daher erst 1891 verabschiedet, knapp 30 Jahre nachdem das früh industrialisierte Sachsen die erste moderne Einkommensteuer auf deutschem Boden geschaffen hatte[57]. Für Bismarck, der selbst häufig Konflikte mit den Finanzbehörden ausfocht, war eine progressive Einkommensbesteuerung kommunistisches Teufelszeug. In der Tat hatte Karl Marx im Kommunistischen Manifest von 1848 eine „starke Progressivsteuer" gefordert, und auch das Gothaer Programm der SPD von 1875 verlangte „eine einzige progressive Einkommensteuer für Staat und Gemeinde, anstatt aller bestehenden, insbesondere der das Volk belastenden indirekten Steuern"[58]. An dieser sozialdemokratischen Forderung wird die grundsätzliche Ablehnung indirekter Steuern sehr deutlich. Dass ein sozialdemokratischer Finanzminister 130 Jahre später die größte Mehrwertsteuererhöhung der deutschen Geschichte umsetzen würde, hätte sich auf dem SPD-Parteitag in Gotha wahrscheinlich niemand träumen lassen. Umgekehrt war es der konservative Finanzminister Johannes von Miquel, der eine progressive Einkommensteuer und die Deklarationspflicht in Preußen einführte und damit die bis heute gültigen Grundlagen der deutschen Einkommensbesteuerung legte. Deswegen und wegen seiner wegweisenden Regelung der Kommunalfinanzen gilt von Miquel als bedeutendster Finanzminister der deutschen Geschichte[59].

---

[56] Sitzung des Reichstags am 2.5.1879, in: Verhandlungen des Deutschen Reichstages. Stenographische Berichte, Bd. 2, Berlin 1879, S. 928. Das Zitat stammt nicht zufällig aus Bismarcks Rede zur zollpolitischen Wende. Die Abkehr vom Freihandel und der Übergang zur Hochschutzzollpolitik, die Bismarcks Bruch mit den Liberalen und deren folgenschwere Spaltung markierte, diente nicht nur dem Schutz der deutschen Landwirtschaft vor ausländischer Konkurrenz, sondern auch der Aufbesserung der Reichskasse.

[57] Vgl. Eckart Schremmer, Einfach und gerecht? Die erste deutsche Einkommensteuer von 1874/78 in Sachsen als Lösung eines Reformstaus in dem frühindustrialisierten Lande, in: Scripta Mercaturae 35/2 (2001), S. 38–64.

[58] Susanne Miller/Heinrich Potthoff, Kleine Geschichte der SPD. Darstellung und Dokumentation 1848–1990, Bonn [7]1991, S. 325 und S. 333.

[59] Johannes von Miquel war 1891–1901 preußischer Finanzminister; vgl. Thorsten Kassner, Der Steuerreformer Johannes von Miquel. Leben und Werk. Zum 100. Geburtstag des preußischen Finanzministers. Ein Beitrag zur Entwicklung des Steuer-

Es wird häufig kritisiert, dass der Anteil der direkten Steuern abnimmt, während derjenige der indirekten Steuern immer weiter zunimmt. Die Verschiebung von den direkten Steuern, die sich zum großen Teil auf Einkommen und Gewinne beziehen, zu den indirekten Steuern, die vor allem auf Umsatz und Verbrauch zielen, ist zweifellos gegeben. So sank der Anteil der direkten Steuern am gesamten Steueraufkommen von 59,5 Prozent 1989 auf knapp 48 Prozent 2010[60]. Auch die Entwicklung der Steuern vom Einkommen und vom Umsatz zeigt dieselbe Tendenz. Der Anteil der ersteren sinkt seit 1980, dem bisherigen Höhepunkt, kontinuierlich, während der Anteil der Steuern vom Umsatz im Grunde seit der Einführung der Umsatzsteuer im Jahr 1916 mit nur ganz wenigen zeitlichen Ausnahmen stetig steigt.

Aus dieser Entwicklung wird häufig eine Gerechtigkeitslücke abgeleitet, frei nach dem Motto: „Die Reichen zahlen immer weniger Einkommensteuer, während die Armen immer mehr durch Umsatzsteuer belastet werden." Zwar dürfte die Umschichtung von direkten zu indirekten Steuern in der Tat eine tendenziell regressive Wirkung haben. Die progressive Einkommensbesteuerung funktioniert aber immer noch gut. Zudem zahlen von den 81 Millionen Bundesbürgern lediglich 35 Millionen Einkommensteuer[61].

Auch bei der Belastung durch die Mehrwertsteuer sollte differenzierter argumentiert werden. Die Unternehmen können die Umsatzsteuer nicht immer vollständig auf die Preise – und damit auf die Konsumenten – überwälzen. Viele Produkte des täglichen Bedarfs sind zudem nur mit einem reduzierten Mehrwertsteuersatz belegt. Mieten sind vollständig umsatzsteuerfrei. Daher zahlen Geringverdiener – gemessen am Anteil des Haushaltseinkommens – nicht zwangsläufig mehr Mehrwertsteuer als Normal- oder Besserverdienende.

Der Finanzwissenschaftler Manfred Rose hat vorgeschlagen, das Steuersystem komplett am Konsum auszurichten[62]. Damit wäre das Problem der schwierig zu bestimmenden Bemessungsgrundlage der Unternehmens- und Einkommensteuern nicht mehr relevant. Zudem würde das Steuersystem demographiefester werden. Der Gründer der Drogeriemarktkette dm, Götz

rechts, Osnabrück 2001, sowie Alfons Pausch, Johannes von Miquel. Sein Leben und Werk, Stuttgart 1964.
[60] Vgl. Monatsbericht des Bundesministeriums der Finanzen vom Januar 2011, S. 78f. (Tabelle 8).
[61] Vgl. Zeit-online vom 7.1.2010.
[62] Vgl. Manfred Rose (Hrsg.), Konsumorientierte Neuordnung des Steuersystems, Berlin 1991.

Abbildung 10: Entwicklung der Anteile der Steuern vom Einkommen und Umsatz am Gesamtsteueraufkommen, 1913–2009 [63]

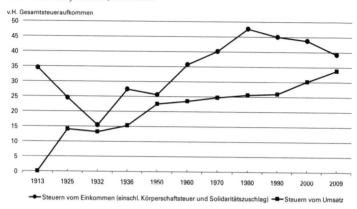

Werner, hat den Vorschlag der Konsumsteuer mit dem bedingungslosen Grundeinkommen als Ersatz für alle bisherigen Sozialleistungen gekoppelt[64].

In der Tat wäre es transparenter, wenn der Staat allen Einwohnern ein einheitliches Grundeinkommen gewährte. Das als Stigma empfundene Hartz IV wäre überflüssig, ebenso wie ein großer Teil des Sozialversicherungsapparats. Allerdings dürften die Verteilungswirkungen erheblich sein[65]. So ist es keineswegs sicher, dass die einkommensschwachen Bevölkerungsteile wirklich die Gewinner dieser Reform wären. Außerdem hat das bedingungslose Grundeinkommen das Potential, die Staatsfinanzen endgültig zu zerrütten.

[63] Für die Jahre 1913–1936 vgl. Volker Hentschel, Steuersystem und Steuerpolitik in Deutschland 1890–1970, in: Werner Conze/M. Rainer Lepsius (Hrsg.), Sozialgeschichte der Bundesrepublik Deutschland. Beiträge zum Kontinuitätsproblem, Stuttgart ²1985, S. 256–295, hier S. 273; für die Jahre 1950–2010 vgl. die Quellenangabe in der Fußnote zu Abbildung 9 (eigene Berechnungen).
[64] Vgl. Götz W. Werner, Einkommen für alle, Köln ⁴2010.
[65] Vgl. Christoph Butterwegge, Grundeinkommen und soziale Gerechtigkeit, in: APuZ 51-52/2007, S. 25–30.

VI. Finanzausgleich

1. Fehlanreize im Fiskalföderalismus

Der Finanzausgleich ist zweifellos der neuralgische Punkt jedes föderativen Staates. Die Verteilung der Gelder auf die staatlichen Ebenen folgt dabei nicht rationalen Kriterien, sondern ist das Ergebnis eines ständigen Machtkampfs. Das suboptimale Zusammenspiel der föderalen Ebenen erklärt zum Teil die Entwicklung der Staatsverschuldung. So war die chronische Unterfinanzierung des Kaiserreichs nicht zuletzt auf seine Struktur als „Bund der deutschen Fürsten" beziehungsweise als Bund der Einzelstaaten zurückzuführen[1]. Die Finanzverfassung des ersten deutschen Nationalstaats basierte auf einem Trennsystem, in dem das Reich nur „Kostgänger der Einzelstaaten" war. Im kongenialen Zusammenspiel mit dem Reichstag sorgten die Einzelstaaten dafür, dass das Problem der Reichsfinanzen weder durch den Übergang zur Hochschutzzollpolitik[2] noch durch die Erhebung von Matrikularbeiträgen gelöst wurde. Die ausdrücklich in der Verfassung vorgesehene Möglichkeit, direkte Reichssteuern zu erheben, wurde vom Bundesrat ebenfalls konterkariert. Zwar gelang dem Reich mit der Erbschaftsteuer von 1906 und der drei Jahre später eingeführten Steuer auf Dividenden- und Zinserträge erstmalig der Einbruch in die Domäne der direkten Steuern, doch war dies finanziell von keiner großen Relevanz[3]. Bedeutsamer waren die kurz vor Kriegsausbruch und insbesondere im Krieg einmalig erhobenen

---

[1] Vgl. den Überblick bei Carsten Burhop, Wirtschaftsgeschichte des Kaiserreichs 1871–1918, Göttingen 2011, S. 81–99, sowie Hans Fenske, Deutsche Verfassungsgeschichte vom Norddeutschen Bund bis heute, Berlin ²1984, S. 18.

[2] Durch die Lex Franckenstein wurde dem Reich auferlegt, alle Zollerträge, die 130 Millionen Mark überschritten, den Einzelstaaten zu überweisen. Vgl. Eckart Schremmer, Steuern und Staatsfinanzen während der Industrialisierung Europas. England, Frankreich, Preußen und das Deutsche Reich 1800 bis 1914, Berlin u. a. 1994, S. 178 ff., sowie Jürgen von Kruedener, The Franckenstein Paradox in the Intergovernmental Fiscal Relations of Imperial Germany, in: Peter-Christian Witt (Hrsg.), Wealth and Taxation in Central Europe. The History and Sociology of Public Finance, Leamington Spa u. a. 1987, S. 111–123.

[3] Vgl. allgemein Peter-Christian Witt, Die Finanzpolitik des Deutschen Reiches von 1903 bis 1913. Eine Studie zur Innenpolitik des Wilhelminischen Deutschland, Lübeck/ Hamburg 1970, sowie Wilhelm Gerloff, Die Finanz- und Zollpolitik des Deutschen Reiches nebst ihren Beziehungen zu Landes- und Gemeindefinanzen von der Gründung des Norddeutschen Bundes bis zur Gegenwart, Jena 1913.

Reichssteuern[4]. Niall Ferguson hat die These aufgestellt, dass das Reich aufgrund seiner chronischen Unterfinanzierung den Rüstungswettlauf zu verlieren drohte und daher den Ersten Weltkrieg forciert habe[5]. Diese finanzpolitische Variante der Flucht in die Außenpolitik verdeutlicht zwar die schwierige Lage der Reichsfinanzen und besitzt insofern heuristischen Wert, überschätzt aber die Bedeutung finanzpolitischer Argumente für politische Entscheidungsträger.

Nach der Niederlage von 1918 kam es mit der Finanzreform von Matthias Erzberger zu einer Neuordnung der deutschen Finanzverfassung – eine Neuordnung, die eine tiefe Zäsur markierte und auch als Reaktion auf die missliche Situation des Kaiserreichs verstanden werden muss. „Die mangelhafte Ausstattung des alten Reiches mit Steuern" war für den Reichsfinanzminister „der schwächste Punkt" der Reichsverfassung von 1871[6]. Erzberger nutzte die Ausnahmesituation der Jahre 1919/20 daher konsequent, um die Reichsfinanzen zu stärken und die Länder- und Kommunalfinanzen zu schwächen[7]. Wörtlich führte er aus:

„In den Trümmern des Krieges muß nach Neuland gesucht werden. So vieles, fast alles ist anders geworden. [...] Wo ist hier Neuland für die Reichsfinanzen zu gewinnen? Der große Steuersouverän der Zukunft kann nur das einige Deutsche Reich sein [...]. Dieses kostbare Gut unserer Väter, der deutsche Nationalstaat, [...] muß leben und sich entwickeln können. Dazu braucht das Reich nicht nur Geld, sondern auch ein neues System der Steuerordnung."[8]

Erzbergers unitarischen Ansatz umsetzend, wies die Weimarer Reichsverfassung dem Reich die Gesetzgebungshoheit über einen Großteil der Steuern zu. In Berlin hatte man lediglich auf die „Erhaltung der Lebensfähigkeit der Länder Rücksicht zu nehmen"[9]. Mit dem Trennsystem des Kaiserreichs

---

[4] 1913 wurde ein „Wehrbeitrag", 1916 eine „Kriegssteuer" und 1918 eine „außerordentliche Kriegsabgabe" erhoben. Vgl. RGBl. 1913, S. 505–521; RGBl. 1916, S. 561–572; RGBl. 1918, S. 964–974.
[5] Vgl. Niall Ferguson, Public finance and national security: The domestic origins of the First World War revisited, in: Past and Present 142 (1994), S. 141–168, sowie Ferguson, Krieg, S. 143–187.
[6] Erzberger, Reden, S. 111.
[7] Vgl. Josef Wysocki, Die Kommunalfinanzen in Erzbergers Reformkonzept: Finanzzuweisungen statt eigener Steuern, in: Karl-Heinrich Hansmeyer (Hrsg.), Kommunale Finanzpolitik in der Weimarer Republik, Stuttgart 1973, S. 35–59, hier S. 45f.
[8] Erzberger, Reden, S. 7.
[9] Artikel 8 der Verfassung des Deutschen Reichs vom 11. 8. 1919, hrsg. von Hermann Mosler, Stuttgart 1988, S. 6f. Vgl. auch Artikel 11 der Weimarer Reichsverfassung sowie das Landessteuergesetz vom 30. 3. 1920, in: RGBl. 1920, S. 402–416.

brechend, wurde ein in seinen Grundzügen bis heute geltendes Verbundsystem eingeführt. Das Reich wies nunmehr den Ländern die Gelder zu.
Reichsüberweisungssteuern mit festen Quotenbeteiligungen ersetzten die
Matrikularbeiträge der Länder an das Reich. Nun waren Länder und Kommunen die Kostgänger des Reichs. Zudem verloren die Einzelstaaten auch
die Verwaltungskompetenz. Mit dem Jahr 1920 entstand die Reichsfinanzverwaltung[10].

Die (finanz)politische Macht der Länder wurde zunächst von Erzberger
beschnitten und dann von den Nationalsozialisten gebrochen. Nach Kriegsende 1945 kam es jedoch zu einer Renaissance des Föderalismus, und es war
kein Zufall, dass mit Hans Ehard ein Ministerpräsident – nämlich der baye-
rische – nach Herrenchiemsee einlud, um über die Grundzüge einer künfti-
gen Verfassung zu beraten[11]. Bayern legte dabei einen Entwurf vor[12], der auf
die Bildung eines Staatenbunds hinauslief und die Zentrale wie im Kaiserreich durch Matrikularbeiträge in finanzpolitischer Abhängigkeit von den
Ländern zu halten gedachte[13].

Die Sozialdemokratie – insbesondere ihr Vorsitzender Kurt Schumacher[14]
– steuerte dagegen einen eher unitarischen, bewusst an Erzberger anknüp-
fenden Kurs[15]. Laut den Nürnberger Richtlinien der SPD vom Sommer 1947
war eine „einheitliche Finanzpolitik [...] notwendig, weil sie ein wesentliches
Mittel zur Lenkung der Wirtschaft ist und weil der Neuaufbau eine gerechte

[10] Vgl. Herbert Leidel, Die Begründung der Reichsfinanzverwaltung, Bonn 1964, sowie
Witt, Reichsfinanzminister und Reichsfinanzverwaltung, S. 41–61.
[11] Vgl. Der Parlamentarische Rat 1948–1949. Akten und Protokolle, Bd. 2: Der Verfassungskonvent auf Herrenchiemsee, bearb. von Peter Bucher, Boppard 1981, S. VII.
Vgl. allgemein Michael F. Feldkamp, Der Parlamentarische Rat 1948–1949. Die Entstehung des Grundgesetzes, Göttingen 1998.
[12] Vgl. Parlamentarischer Rat, Bd. 2, S. LVI–LXIII und S. 1–52 (Dok. 1).
[13] So lautete Artikel 8, Absatz 2 des bayerischen Entwurfs (ebenda, S. 5): „Soweit diese
Einnahmen [des Bundes] nicht ausreichen, sind die überschießenden Ausgaben
durch Beiträge der Länder nach Maßgaben ihrer Leistungsfähigkeit zu decken. [...]
Überschüsse der Bundeseinnahmen sind den Ländern nach den gleichen Grund-
sätzen zu überweisen." Beinahe noch wichtiger war den bayerischen Vertretern allerdings, die Biersteuer in die alleinige Kompetenz der Länder übergehen zu lassen.
[14] Vgl. Wolfgang Benz, Der Verfassungskonvent von Herrenchiemsee, in: APuZ B 32-
33/98, S. 13–19, hier S. 15.
[15] So erklärte Otto Heinrich Greve (SPD): „Wir sind der Auffassung, daß wir, von
gewissen Modifikationen abgesehen, wieder zu dem System zurückkehren sollten,
das mit dem Namen Erzberger verknüpft ist." 7. Sitzung des Parlamentarischen Rats
am 21. 10. 1948, in: Parlamentarischer Rat. Stenographische Berichte, Bonn 1948/49,
S. 102.

Lastenverteilung verlangt"[16]. Die Schaffung einheitlicher Lebensverhältnisse und die Bewältigung der Nachkriegsprobleme waren weitere Argumente für eine Zentralisierung[17]. In der CDU herrschte eine starke Spannung zwischen Föderalisten und Zentralisten. Während Adenauer die Erzbergersche Finanzreform mit „Zentralismus und [...] Korruption" gleichsetzte und die Ansicht vertrat, dass es „Sauberkeit und Ordnung" nur in einem Trennsystem gebe, führte sein Parteifreund Jakob Kaiser aus, „man müsse nicht nur die Frage nach den lebensfähigen Ländern, sondern nach einem lebensfähigen Gesamtdeutschland stellen"[18]. Trotz dieser Konflikte fand der föderative Ansatz schließlich eine deutliche Mehrheit in der Union.

Doch das sollte im Parlamentarischen Rat nicht von ausschlaggebender Bedeutung sein, da die FDP in Fragen der Finanzverfassung mit der SPD stimmte, wobei die Formulierung treffender wäre, dass die Sozialdemokraten mit den Liberalen stimmten[19]. Es war insbesondere der Hermann Höpker-Aschoff (FDP), der die Diskussion über den Abschnitt „Das Finanzwesen" dominierte[20]. Abermals beeinflusste ein preußischer Finanzminister – Höpker-Aschoff hatte dieses Amt zwischen 1925 und 1931 bekleidet – die deutsche Finanzverfassung entscheidend. Doch Höpker-Aschoff stand nicht in der Tradition von Miquel, sondern in der von Erzberger. Er war bereits in der Weimarer Zeit ein entschiedener Verfechter des Einheitsstaats gewesen und hatte versucht, die Reichsreform über einen „Pakt zwischen Braun und Brüning" durchzusetzen[21]. Sein auch bei den Liberalen nicht unumstrittener Unitarismus bestimmte seine Argumentation im Parlamentarischen Rat[22].

[16] Richtlinien für den Aufbau der Deutschen Republik, in: Protokoll der Verhandlungen des Parteitags der Sozialdemokratischen Partei Deutschlands vom 29. Juni bis 2. Juli 1947 in Nürnberg, Hamburg o. J., S. 225 ff., hier S. 226.

[17] Vgl. Michael G. M. Antoni, Sozialdemokratie und Grundgesetz, Bd. 1: Verfassungspolitische Vorstellungen der SPD von den Anfängen bis zur Konstituierung des Parlamentarischen Rates 1948, Berlin 1991, S. 240.

[18] Die CDU/CSU im Parlamentarischen Rat. Sitzungsprotokolle der Unionsfraktion, bearb. von Rainer Salzmann, Stuttgart 1981, S. 33 f.

[19] Der SPD-Abgeordnete Dr. Greve erklärte: „Ich bin in der selten glücklichen Lage, für meine Freunde und mich zu erklären, daß wir den Ausführungen des Herrn Kollegen Dr. Höpker-Aschoff in ihren vollem Inhalt zustimmen." 7. Sitzung des Parlamentarischen Rats vom 21. 10. 1948, S. 101.

[20] Vgl. Frank Spieker, Hermann Höpker Aschoff. Vater der Finanzverfassung, Berlin 2004.

[21] Vgl. Hermann Höpker-Aschoff, Deutscher Einheitsstaat. Ein Beitrag zur Rationalisierung der Verwaltung, Berlin 1928, sowie Hagen Schulze, Otto Braun oder Preußens demokratische Sendung. Eine Biographie, Frankfurt a. M. u. a. 1977, S. 689–707.

[22] Vgl. allgemein Karl-Heinz Lamberty, Die Stellung der Liberalen zum föderativen Staatsaufbau in der Entstehungsphase der Bundesrepublik Deutschland 1945–1949, Diss., Bonn 1983.

Als Berichterstatter für das Finanzwesen vermochte er die Diskussion vor-
zustrukturieren. Die Einkommensteuer den Ländern zu überlassen, lehnte
Höpker-Aschoff ab, da unterschiedliche Steuersätze sozial ungerecht und
ökonomisch belastend seien. Den Primat des Bundes bei der Steuergesetzgebung rechtfertigte der ehemalige Finanzminister mit einer Argumentation,
die der sozialdemokratischen sehr ähnelte: „Die Finanzpolitik ist gleichzeitig
Sozialpolitik, Wirtschafts- und Währungspolitik."[23] Sein ursprünglicher Plan,
die Einkommen-, Körperschaft- und Umsatzsteuer in einem Topf zusammen-
zufassen und die Einnahmen qua Schlüsselzuweisungen auf Bund und
Länder zu verteilen, scheiterte am Veto der Alliierten, genauso wie die Absicht, eine Bundesfinanzverwaltung aufzubauen[24]. Nach der Instrumentali-
sierung der Finanzpolitik durch den NS-Staat misstrauisch, fürchteten die
Besatzungsmächte eine zu mächtige Zentrale und forderten eine stärkere
Stellung der Länder[25]. Als Kompromiss wurde ausgehandelt, dass der Bund
die Umsatzsteuer zur Gänze erhielt und über den Weg eines zustimmungs-
pflichtigen Gesetzes auch am Aufkommen der Einkommen- und Körperschaftsteuer partizipieren konnte, falls der Haushalt anderweitig nicht
auszugleichen sei[26]. Dies machte der Bund umgehend über sogenannte In-
anspruchnahmegesetze geltend[27]. 1955 wurde seine direkte Beteiligung an
der Einkommensteuer im Grundgesetz verankert, die zunächst ein Drittel
des Gesamtaufkommens betrug[28]. Die Einkommensteuer wurde also mit der
ersten größeren Finanzreform integraler Bestandteil eines Steuerverbunds,
der eine grundlegende Revision des von den Alliierten durchgesetzten
Trennsystems darstellte[29].

[23] Hermann Höpker-Aschoff, Schriftlicher Bericht zum Entwurf des Grundgesetzes
für die Bundesrepublik Deutschland, in: Anlage zum Stenographischen Bericht der
9. Sitzung des Parlamentarischen Rats am 6. 5. 1949, S. 51–60, hier S. 54.
[24] Vgl. ebenda, S. 56 und S. 58. Das Bundesfinanzministerium fordert seit einigen Jahren, eine Bundessteuerverwaltung zu schaffen, und knüpft damit an die zwischen
1920 und 1945 bestehende Reichsfinanzverwaltung an, scheitert damit aber regelmäßig am Widerstand der Länder Vgl. Eike Alexander Senger, Die Reform der Finanz-
verwaltung in der Bundesrepublik Deutschland, Wiesbaden 2009, S. 222 f.
[25] Vgl. Hans-Jürgen Grabbe, Die deutsch-alliierte Kontroverse um den Grundgesetz-
entwurf im Frühjahr 1949, in: VfZ 26 (1978), S. 393–418.
[26] Vgl. Höpker-Aschoff, Bericht, S. 57, sowie Grundgesetz, Artikel 106, Absatz 3, Satz
1, in der Fassung vom 23. 5. 1949, in: BGBl. 1949/50, I, S. 14.
[27] Vgl. Wolfgang Renzsch, Finanzverfassung und Finanzausgleich. Die Auseinandersetzungen um ihre politische Gestaltung in der Bundesrepublik Deutschland zwischen
Währungsreform und deutscher Vereinigung (1948–1990), Bonn 1991, S. 75–132.
[28] Vgl. Gesetz zur Änderung und Ergänzung der Finanzverfassung (Finanzverfassungs-
gesetz) vom 23. 12. 1955, in: BGBl. 1955, I, S. 817 f., hier S. 817 (§ 1, Absatz 3).
[29] Vgl. u. a. Wilhelmine Dreißig, Zur Entwicklung der öffentlichen Finanzwirtschaft

Mit der Finanzreform von 1969 wurde das Verbundsystem ausgebaut. Nach der Einkommensteuer wurde jetzt auch die Mehrwertsteuer zur Gemeinschaftsteuer. Zudem führte die Große Koalition eine Reihe von Mischfinanzierungen ein[30] und intensivierte den horizontalen Finanzausgleich. Transfers zwischen den Ländern und Bundesmittel gleichen seitdem die unterschiedliche Finanzkraft der einzelnen Bundesländer weitgehend aus. Das Ziel besteht in der Schaffung einheitlicher beziehungsweise gleichwertiger Lebensverhältnisse[31].

Die Anfänge des horizontalen Finanzausgleichs gehen auf die Weimarer Republik zurück[32]. Forderungen, insbesondere zum Finanzausgleich zwischen armen und reichen Städten, waren bereits im Kaiserreich erhoben worden. Wissenschaftlich und politisch bereitete vor allem Johannes Popitz den kommunalen Finanzausgleich vor[33]. Je mehr das Ziel einheitlicher Lebensverhältnisse an Gewicht gewann, desto schwächer wurde der Föderalismus und desto stärker schwand die Finanz- und Entscheidungsautonomie der Länder und Kommunen.

Das Popitzsche Gesetz von der Anziehungskraft des zentralen Etats[34] lässt sich nur bestätigen, wenn Länder- und Reichs- beziehungsweise Bundes-

seit dem Jahre 1950, in: Währung und Wirtschaft in Deutschland 1876–1975, hrsg. von der Deutschen Bundesbank, Frankfurt a. M. 1976, S. 691–744, hier S. 734.

[30] Vgl. 21. Gesetz zur Änderung des Grundgesetzes (Finanzreformgesetz) vom 12. 5. 1969, in: BGBl. 1969, I, S. 359–362. Die Große Finanzreform von 1969 konnte erst nach einer harten Auseinandersetzung zwischen der Großen Koalition und der widerstrebenden Mehrheit der Bundesländer beschlossen werden. Vgl. Renzsch, Finanzverfassung, S. 219–260, sowie Ernst Heinsen, Der Kampf um die Große Finanzreform 1969, in: Rudolf Hrbek (Hrsg.), Miterlebt – Mitgestaltet. Der Bundesrat im Rückblick, Stuttgart 1989, S. 187–223.

[31] Vgl. den Überblick bei Stefan Korioth, Der Finanzausgleich zwischen Bund und Ländern, Baden-Baden 1997, S. 169–187.

[32] So versuchte das Landessteuergesetz, übergroße Disparitäten in der Finanzkraft zwischen den Ländern durch Zahlungen des Reichs auszugleichen. Zudem forderte das Landessteuergesetz von den Ländern, „für einen Lastenausgleich unter ihren Gemeinden und Gemeindeverbänden, insbesondere auf dem Gebiete der Armen-, Schul- und Polizeilasten, zu sorgen". Landessteuergesetz vom 30. 3. 1920, in: RGBl. 1920, S. 402–416, hier S. 409 (§ 33) und S. 413 (§ 55).

[33] Vgl. Johannes Popitz, Der künftige Finanzausgleich zwischen Reich, Ländern und Gemeinden. Gutachten erstattet der Studiengesellschaft für den Finanzausgleich, Berlin 1932; vgl. auch Klaus Kinkel, Die Lehre von Popitz für die Gestaltung des gemeindlichen Finanzausgleichs und ihr Verhältnis zum gegenwärtigen Rechtszustand in der Bundesrepublik, Vergleich und Problematik unter besonderer Berücksichtigung einer kommunalen Finanzreform, Diss., Köln 1964.

[34] Vgl. Karl-Heinrich Hansmeyer, Das Popitzsche Gesetz von der Anziehungskraft des zentralen Etats, in: Herbert Timm/Heinz Haller (Hrsg.), Beiträge zur Theorie der öffent-

einnahmen zusammengefasst werden. Beide Seiten weiteten ihre Anteile an den Steuereinnahmen seit 1920 auf Kosten der Kommunen aus[35]. Das Steueraufkommen der Kommunen war 1913 insbesondere aufgrund des Zuschlagsrechts auf die Einkommensteuer fast genauso hoch wie das des Reichs und weit höher als das der Einzelstaaten. In der Weimarer Republik sank der kommunale Anteil am Gesamtsteueraufkommen im Vergleich zum Kaiserreich nur leicht. Der große Einschnitt kam mit der Gründung der Bundesrepublik, als der Anteil der Kommunen auf nur noch 13 Prozent sank und bis heute auf diesem niedrigen Niveau blieb. In den 1950er und 1960er Jahren waren die Kommunen überhaupt nicht an der Einkommensteuer beteiligt. Im Rahmen der großen Finanzreform von 1969[36] erhielten sie dann einen Einkommensteueranteil von zunächst 14 Prozent, der zehn Jahre später auf 15 Prozent erhöht wurde. Bund und Länder teilen sich seitdem das restliche Aufkommen der Einkommensteuer zur Hälfte. Für die stärkere Beteiligung des Bundes an der Einkommensteuer erhielten die Länder 1969 erstmalig nach dem Krieg einen Anteil an der Umsatzsteuer, die sich seither zum flexiblen Faktor der Finanzbeziehungen zwischen Bund und Ländern entwickelte. Beispielsweise erhielten die Länder 1995/96 einige Umsatzsteuerpunkte wegen der Einbeziehung der neuen Bundesländer in den Finanzausgleich sowie wegen der Neuregelung des Familienlastenausgleichs[37].

Der Anteil der Kommunen an den gesamten öffentlichen Staatsausgaben sank im Laufe des 20. Jahrhunderts um acht Prozentpunkte, ging also deutlich weniger zurück als ihr Anteil am Steueraufkommen[38]. Obwohl die Kommunen zur Gebietskörperschaft mit dem geringsten Ausgabenanteil wurden, lag dieser am Ende des 20. Jahrhunderts immerhin bei einem knappen Viertel; ein Beleg für die „Systemfunktion" der Kommunen[39].

Die Zäsuren von 1919 und 1969 zeigen, dass die Entwicklung der Finanzverfassung und des Finanzausgleichs immer abhängig ist von der jeweiligen

lichen Ausgaben, Berlin 1967, S. 197–229, sowie Korioth, Finanzausgleich, insbesondere S. 187–197.

[35] Vgl. hierzu und zum Folgenden Marc Hansmann, Wege in den Schuldenstaat. Die strukturellen Probleme der deutschen Finanzpolitik als Resultat historischer Entwicklungen, in: VfZ 55 (2007), S. 425–461, hier S. 453.

[36] Vgl. Franz Klein, Die Finanzreform zwischen Bund, Ländern und Gemeinden, in: APuZ B 30/69, S. 3–23.

[37] Vgl. Ulrich Häde, Finanzausgleich. Die Verteilung der Aufgaben, Ausgaben und Einnahmen im Recht der Bundesrepublik Deutschland und der Europäischen Union, Tübingen 1996, S. 203 und S. 264.

[38] Vgl. hierzu und zum Folgenden Hansmann, Schuldenstaat, S. 454.

[39] Wilhelm Ribhegge, Die Systemfunktion der Gemeinden. Zur deutschen Kommunalgeschichte seit 1918, in: APuZ B 47/73, S. 3–29.

Vorstellung, wie ein Staatswesen sinnvollerweise aufgebaut sein sollte. Nach dem Ersten Weltkrieg diente der Unitarismus als Orientierungsrahmen, während die Bundesrepublik zunehmend dem Modell eines unitarischen Bundesstaats folgte, das 1969 um das Leitbild eines kooperativen Föderalismus ergänzt wurde[40]. Ein Wettbewerbföderalismus mit großer Finanzautonomie sämtlicher Gebietskörperschaften würde nicht zum Ziel passen, gleichwertige Lebensverhältnisse zu schaffen; der kooperative Föderalismus mit seiner funktionalen Aufgabenverteilung zwischen den Gebietskörperschaften eignet sich dagegen ausgesprochen gut dafür[41]. Faktisch bedeutet diese Art des Föderalismus allerdings eine Zentralisierung der Staatstätigkeit, zumindest was die Handlungsspielräume von Ländern und Kommunen angeht[42].

Die Länder verfügen spätestens seit der Finanzreform von 1969 über keine nennenswerten Gestaltungsmöglichkeiten auf der Einnahmenseite mehr, dafür ist aber jedes Steuergesetz im Bundesrat zustimmungspflichtig. Über den Länderfinanzausgleich wird dann noch die Finanzkraft weitestgehend ausgeglichen. Dieses System schafft Fehlanreize[43]. Parteipolitisch motivierte Blockadepolitik ist dabei noch nicht einmal das Kernproblem, auch wenn sie zum Beispiel Theo Waigels grundlegende Steuerreform[44] und Hans Eichels Steuervergünstigungsabbaugesetz[45] verhinderte. Wesentlich problematischer

---

[40] Vgl. allgemein Konrad Hesse, Der unitarische Bundesstaat, Heidelberg 1962, sowie Gerhard Lehmbruch, Der unitarische Bundesstaat in Deutschland: Pfadabhängigkeit und Wandel, Köln 2002.

[41] Vgl. Ulrich Häde, Föderalismus und Einheitlichkeit der Lebensverhältnisse, in: Kai A. Konrad/Beate Jochimsen (Hrsg.), Föderalismuskommission II: Neuordnung von Autonomie und Verantwortung, Frankfurt a. M. u. a. 2008. S. 157–177; Wolfgang Renzsch, Der Streit um den Finanzausgleich. Die Finanzverfassung als Problem des Bundesstaates, in: Hans-Georg Wehling (Hrsg.), Die deutschen Länder. Geschichte, Politik, Wirtschaft, Wiesbaden ³2004, S. 373–395; Horst Zimmermann, Föderalismus und „Einheitlichkeit der Lebensverhältnisse". Das Verhältnis regionaler Ausgleichsziele zu den Zielen des föderativen Staatsaufbaus, in: Kurt Schmidt (Hrsg.), Beiträge zu ökonomische Problemen des Föderalismus, Berlin 1987, S. 35–69.

[42] Charles B. Blankart (Die schleichende Zentralisierung der Staatstätigkeit: Eine Fallstudie, in: Zeitschrift für Wirtschafts- und Sozialwissenschaften 119 (1999), S. 331–350, hier S. 336) spricht mit Bezug auf die Bedeutung der Bundesgesetzgebung sogar von einer Entwicklung zum Einheitsstaat.

[43] Vgl. allgemein Jonathan A. Rodden, Hamilton's Paradox. The Promise und Peril of Fiscal Federalism, Cambridge 2006.

[44] Vgl. Reimut Zohlnhöfer, Die große Steuerreform 1998/99: Ein Lehrstück für Politikentwicklung bei Parteienwettbewerb im Bundestag, in: ZfParl 30 (1999), S. 326–345.

[45] Vgl. 19. Subventionsbericht. Bericht der Bundesregierung über die Entwicklung der Finanzhilfen des Bundes und der Steuervergünstigungen für die Jahre 2001–2004, hrsg. vom Bundesministerium der Finanzen, Berlin 2003, S. 29.

ist, dass sich die Ministerpräsidenten mitunter mehr über die Bundespolitik profilieren als über ihre originären landespolitischen Aufgaben[46]. Unpopuläre Maßnahmen wie Steuererhöhungen oder Ausgabenreduzierungen im Sozialbereich sind im Bundesrat schwer durchzusetzen, während von Länderseite häufig Forderungen kommen, Sozialleistungen auszubauen. Kompromisse zwischen Bund und Ländern sind in der Regel teuer, und zwar insbesondere für den Bundeshaushalt. Mitunter hat sich der Bund Mehrheiten erkauft, vor allem durch die gezielte Förderung finanzschwacher, kleiner Bundesländer wie Bremen und Berlin[47]. Das Urteil von Philip Manow fällt daher eindeutig aus: „Die besondere Spielart des kooperativen Föderalismus begünstigte ‚fiskalische Unverantwortlichkeit' der verschiedenen Staatsebenen", so dass im Gegensatz zur USA „die föderalen Staatsstrukturen nicht nur nicht hemmend, sondern sogar ausgabenexpansiv wirkten"[48].

2. Problematische Finanzierung der Länder

Im Kaiserreich finanzierten sich die Einzelstaaten zu einem beträchtlichen Teil über die Gewinne der Eisenbahnen[49]. Zudem verfügten sie über die Gesetzgebungshoheit über die Einkommensteuer. 1919 wurde die Eisenbahn zur Reichsbahn und die Einkommensteuer zur Reichssteuer. Seitdem sind die Länder nur noch an den großen Steuern beteiligt, erhalten also faktisch Überweisungen von der Zentrale. Zutreffenderweise sprach man in der Weimarer Republik von „Reichsüberweisungssteuern", während es heute „Gemeinschaftsteuern" heißt.

Die Länder verfügen über nur zwei Einnahmepositionen, deren Höhe sie selbst bestimmen können: die Grunderwerbsteuer und die Kreditaufnahme. Die Grunderwerbsteuer ist von ihrem Aufkommen her nicht signifikant; sie

[46] Vgl. allgemein Ursula Münch, Vom Gestaltungsföderalismus zum Beteiligungsföderalismus. Die Mitwirkung der Länder an der Bundespolitik, in: Wehling (Hrsg.), Länder, S. 355–371.

[47] Vgl. Renzsch, Finanzausgleich, S. 390.

[48] Philip Manow, Federalism and the Welfare State: The German Case, Bremen 2004, S. 2.

[49] Vgl. Rainer Fremdling, Freight Rates and State Budget: the Role of the National Prussian Railways 1880–1913, in: Journal of European Economic History 9 (1980), S. 21–39, insbesondere S. 31–34; Mark Hallerberg, The political economy of taxation in Prussia, 1871–1914, in: Jahrbuch für Wirtschaftsgeschichte 2002/2, S. 11–33, hier S. 17; Peter-Michael Prochnow, Staat im Wachstum. Versuch einer finanzwirtschaftlichen Analyse der preußischen Haushaltsrechnungen 1871–1913, Bd. 1, Münster 1977, S. 29 und S. 35; Spoerer, Evolution, S. 127f.

trägt weniger als zwei Prozent zur Finanzierung der Landeshaushalte bei[50]. Hingegen betrug 2009 die Kreditfinanzierungsquote in Niedersachsen neun Prozent und in Nordrhein-Westfalen elf Prozent[51]. In absoluten Zahlen waren das 2,3 und 5,6 Milliarden Euro. Der Verfassungsgerichtshof von Nordrhein-Westfalen verbot der neu gewählten Landesregierung im März 2011, die politisch gewünschten Mehrausgaben über eine milliardenschwere Erhöhung der ohnehin eklatanten Neuverschuldung zu finanzieren. Diese präzedenzlose Entscheidung verdeutlicht, dass die Länder ihre einzige nennenswerte Einnahmenquelle nicht mehr unbegrenzt ausschöpfen dürfen. Insbesondere Nordrhein-Westfalen hatte in den vergangenen Jahrzehnten hohe Finanzierungslücken. So ist die Verschuldung des Landes zwischen 1980 und 2010 von 15 Milliarden auf mindestens 128 Milliarden Euro gestiegen[52]. Ähnlich hohe Kreditfinanzierungsquoten, die unweigerlich zu einer hohen Steigerung der Verschuldung führten, wies Hessen auf. Dort stieg die Verschuldung zwischen 1970 und 2010 von 1,4 auf 39 Milliarden Euro[53].

Die Länder haben sich unterschiedlich stark verschuldet – eine Tatsache, die nur zum geringen Teil auf das unterschiedlich hohe Steueraufkommen zurückgeführt werden kann[54]. Abgeleitet aus dem im Grundgesetz verankerten Ziel der Gleichwertigkeit der Lebensverhältnisse ist ein Länderfinanzausgleich entstanden, der – aufgefüllt durch die Bundesergänzungszuweisungen – dafür sogt, dass jedes Bundesland 2008 mindestens 97,4 Prozent der durchschnittlichen Finanzkraft aufweisen konnte. Die Schuldenaufnahme ist daher in erster Linie das Resultat der Ausgabenhöhe. Länder, die sich bei den Ausgaben zurückhalten und hart gespart haben wie zum Beispiel Mecklenburg-Vorpommern, Sachsen und Bayern vermochten daher, den Haushalt aus-

[50] In Nordrhein-Westfalen betrug das Aufkommen der Grunderwerbsteuer 2010 eine knappe Milliarde Euro, in Niedersachsen gut 0,3 Milliarden Euro. Vgl. Haushaltsplan 2010 des Landes Nordrhein-Westfalen, Kapitel 20.010, sowie Haushaltplan 2010 des Landes Niedersachsen, Einzelplan 13, Kapitel 1301, S.6. Niedersachsen hat die Grunderwerbsteuer mit Wirkung zum 1.1.2011 von 3,5 auf 4,5 Prozent erhöht.

[51] Vgl. Jahrbuch für öffentliche Finanzen 2010, S.112 und S.123 (eigene Berechnung).

[52] Vgl. Finanzplanung 2008 bis 2012 mit Finanzbericht 2009 des Landes Nordrhein-Westfalen, hrsg. vom Finanzministerium des Landes Nordrhein-Westfalen, Düsseldorf 2008, S.54.

[53] Vgl. Die Einführung der Schuldenbremse in Hessen. Hintergründe und Argumente, hrsg. vom Hessischen Ministerium der Finanzen, Wiesbaden 2010, S.7.

[54] Beispielsweise weist das hoch verschuldete Hessen nach dem Länderfinanzausgleich die höchste Finanzkraft auf. Vgl. Horst Zimmermann/Klaus-Dirk Henke/Michael Broer, Finanzwissenschaft, München [10]2009, S.224; die folgende Angabe findet sich ebenda.

zugleichen und sogar Überschüsse zu erwirtschaften[55]. Dagegen stehen mit Nordrhein-Westfalen, Hessen und Niedersachsen Länder, denen seit Jahrzehnten kein Haushaltsausgleich gelungen ist. Auch das Saarland und Bremen kommen trotz (oder wegen) des 1992 vom Bundesverfassungsgericht durchgesetzten *Bailout*[56] nicht ohne eine hohe Nettoneuverschuldung aus[57]. Wegen überdurchschnittlicher Kreditfinanzierungs- und Zins-Ausgaben-Quoten hatte das Bundesverfassungsgericht für beide Länder eine „extreme Haushaltsnotlage" festgestellt und ihnen Sanierungshilfen in Form von Sonder-Bundesergänzungszuweisungen zugesprochen, die von 1994 bis 2004 6,6 Milliarden Euro für das Saarland und über 8,5 Milliarden Euro für Bremen betrugen[58].

Die Haushaltssituation hat sich jedoch in beiden Ländern „nicht nachhaltig gebessert"[59]. Die Wirkung des Finanzausgleichs besteht im Gegenteil darin, „unsolide Haushaltspolitik zu begünstigen"[60]. Die Landesregierungen werden nicht motiviert, „es *besser* als die jeweils anderen zu machen". Immerhin bekräftigte das Bundesverfassungsgericht die aus dem „bündischen Prinzip" abgeleitete Einstandspflicht im Jahr 2006 nicht, sondern verweigerte Berlin die geforderten Finanzhilfen. Insgesamt hat allerdings kein Land so viel Geld aus dem Finanzausgleich erhalten wie die Bundeshauptstadt. Immerhin vermochte Berlin zwischenzeitlich, den Haushalt auszugleichen[61].

Mit einem Anteil von etwa 40 Prozent an den Gesamtausgaben schlagen in den Ländern die Personalkosten am stärksten zu Buche[62]. Allein Nordrhein-Westfalen hat 2010 knapp 21 Milliarden Euro dafür ausgegeben[63]. Dabei sind

---

[55] Vgl. Jahrbuch für öffentliche Finanzen 2010, S. 103 (Mecklenburg-Vorpommern), S. 155 (Sachsen) und S. 49 (Bayern).

[56] Ein *Bailout* ist die Schuldenübernahme beziehungsweise Hilfe durch Dritte, um eine Insolvenz zu vermeiden.

[57] Vgl. Jahrbuch für öffentliche Finanzen 2010, S. 69 (Bremen) und S. 145 (Saarland).

[58] Vgl. Kai A. Konrad/Holger Zschäpitz, Schulden ohne Sühne? Warum der Absturz der Staatsfinanzen uns alle betrifft, München 2010, S. 187.

[59] Ebenda, S. 188. Vgl. Charles B. Blankart, Föderalismus in Deutschland und Europa, Baden-Baden 2007, S. 142–149.

[60] Stefan Homburg, Anreizwirkungen des deutschen Finanzausgleichs, in: Finanzarchiv N.F. 51 (1994), S. 312–330, hier 326; das folgende Zitat findet sich ebenda, S. 325.

[61] Vgl. Jahrbuch für öffentliche Finanzen 2010, S. 58.

[62] Vgl. Finanzplanung 2008 bis 2012 mit Finanzbericht 2009 des Landes Nordrhein-Westfalen, hrsg. vom Finanzministerium des Landes Nordrhein-Westfalen, Düsseldorf 2008, A 76.

[63] Vgl. hierzu und zum Folgenden Finanzplanung 2009 bis 2013 mit Finanzbericht 2010 des Landes Nordrhein-Westfalen, hrsg. vom Finanzministerium des Landes Nordrhein-Westfalen, Düsseldorf 2009, S. 32 und S. 34.

die Hochschulen nicht einmal mit eingerechnet, da sie rechtlich selbstständig sind und nur noch Zuschüsse erhalten. Das bevölkerungsreichste Bundesland beschäftigt 154000 Lehrer, 55000 Polizisten, 32000 Richter, Staatsanwälte und sonstige Justizangestellte sowie 29000 Finanzbeamte. Genau hier schlummert eine Zeitbombe. Während die Bundesverwaltung vergleichsweise klein ist und viele Städte nur in streng hoheitlichen Aufgabengebieten verbeamten, verfügen die Länder über riesige Beamtenapparate in den Bereichen Bildung, Wissenschaft, Polizei und Justiz. Zwar spart die öffentliche Hand bei Beamten Milliarden an jährlichen Versicherungsbeiträgen. Dafür müssen die Pensionen aber aus dem laufenden Haushalt finanziert werden.

Die drohende Kostenexplosion hat im Wesentlichen drei Gründe. In den 1970er Jahren hat die öffentliche Hand ihren Personalkörper stark ausgeweitet. Diese Jahrgänge gehen langsam aber sicher in die Pension, und das ist für die Länder sehr teuer, weil Lehrer, Professoren und Richter in hohen Besoldungsstufen eingruppiert sind. Zudem liegt das Pensionsniveau deutlich über dem Rentenniveau, da es bisher bei der Beamtenversorgung keine harten Kürzungen gegeben hat. Wie groß die drohende Gefahr für die Länderhaushalte ist, hat der Finanzwissenschaftler Stefan Homburg 2004 für das Land Niedersachsen ausgerechnet[64]. Bis 2030 steigt dort die Anzahl der Pensionäre von ungefähr 70000 im Jahr 2007 auf 110000. Wenn der Haushalt nicht nachhaltig konsolidiert wird, droht sich im gleichen Zeitraum das Verhältnis von Pensions- und Zinsausgaben zu den laufenden Einnahmen von 24 Prozent auf 54 Prozent zu verschlechtern.

Hinweise auf die Höhe der Pensionsverpflichtungen geben die Eröffnungsbilanzen von Hamburg und Hessen. Hamburg ist das erste Bundesland, das auf eine kaufmännische Buchführung umgestellt hat und daher diese Zahlen ausweisen muss[65]. Die Hansestadt hatte 2006 Kreditmarktschulden in Höhe von rund 24 Milliarden Euro und Pensionsrückstellungen von 18 Milliarden Euro. Diese Rückstellungen haben ebenfalls den Charakter von Schulden, da hier Ansprüche von Privatpersonen an den Staat bestehen. Die 18 Milliarden Euro Pensionsrückstellungen werden der Transparenz halber ausgewiesen, liegen also nicht auf irgendeinem Konto oder in einem Fonds, wie es

---

[64] Vgl. Stefan Homburg, Nachhaltige Finanzpolitik für Niedersachsen, Hannover 2005; vgl. auch Tobias Benz/Christian Hagist/Bernd Raffelhüschen, Ausgabenprojektion und Reformszenarien der Beamtenversorgung in Niedersachsen. Studie im Auftrag des Bundes der Steuerzahler Niedersachsen und Bremen, Hannover 2009.
[65] Vgl. hierzu und zum Folgenden Hamburg zieht Bilanz. Geschäftsbericht zur Eröffnungsbilanz auf den 1. Januar 2006, hrsg. von der Freien und Hansestadt Hamburg, Hamburg 2006.

ein Unternehmen machen müsste. Für Rückstellungen gigantische Kredite aufzunehmen, wäre allerdings betriebswirtschaftlich unsinnig. Hamburg wies ein Vermögen von 50 Milliarden Euro aus. Die landeseigenen Unternehmen und Beteiligungen wurden dabei mit knapp zehn Milliarden Euro bewertet. Abzüglich des Fremdkapitals blieb bei der Eröffnungsbilanz Hamburgs ein Eigenkapital von vier Milliarden Euro übrig. Das entspricht einer Eigenkapitalquote von nur acht Prozent. Im Zuge der Wirtschaftskrise von 2008/09 ist das Eigenkapital der Hansestadt Hamburg, deren Bewohner eines der höchsten Pro-Kopf-Einkommen Europas aufweisen, vollständig aufgezehrt worden[66]. Hessen wies in seiner im November 2009 vorgelegten Eröffnungsbilanz ein negatives Eigenkapital von 58 Milliarden Euro auf[67]. Die Rückstellungen in Höhe von 47 Milliarden Euro für die Beamtenpensionen und Beihilfen fielen dabei höher aus als die Verbindlichkeiten in Höhe von 42 Milliarden Euro[68].

Die hohe Verschuldung führte 2010 zu der Zinsausgabenquote von knapp acht Prozent in Hessen und rund neun Prozent in Nordrhein-Westfalen und Niedersachsen[69]. Hingegen lag der entsprechende Wert in Bayern und Sachsen nur bei unter beziehungsweise etwas über drei Prozent. Personal- und Zinsausgaben erklären bis zur Hälfte das Volumen eines Landeshaushalts. Der zweitgrößte Kostenblock besteht in den Zuweisungen und Zuschüssen, die beispielsweise in Nordrhein-Westfalen 2010 20 Milliarden Euro betrugen und damit 38 Prozent der Gesamtausgaben ausmachten[70]. Mehr als die Hälfte dieser Zuweisungen und Zuschüsse erhielten die Kommunen, also rund elf Milliarden Euro. Da sich laut der Schuldenbremse die Länder ab 2020 nicht mehr strukturell verschulden dürfen, befürchten die Kommunen, dass genau an dieser Stelle gespart wird. Die offizielle Planung der Länder sieht zwar vor, die Zuwachsraten der Ausgaben deutlich unter diejenigen der Einnahmen zu drücken, um so einen Haushaltsausgleich zu

---

[66] Vgl. Hamburg zieht Bilanz. Geschäftsbericht 2009, hrsg. von der Freien und Hansestadt Hamburg, Hamburg 2010.

[67] Vgl. Eröffnungsbilanz, hrsg. vom Hessischen Ministerium der Finanzen, Wiesbaden 2009, S. 78. Ein Jahr später, also zum 31. 12. 2009, hatte sich das negative Eigenkapital bereits auf 65 Milliarden Euro erhöht. Vgl. Geschäftsbericht 2009, hrsg. vom Hessischen Ministerium der Finanzen, Wiesbaden 2010, S. 63.

[68] Vgl. Eröffnungsbilanz Hessen, S. 78 f.

[69] Vgl. Jahrbuch für öffentliche Finanzen 2010, S. 103 (Hessen), S. 123 (Nordrhein-Westfalen) und S. 112 (Niedersachsen) – eigene Berechnungen. Die folgenden Angaben finden sich ebenda, S. 49 (Bayern) und S. 155 (Sachsen) – eigene Berechnungen.

[70] Vgl. Finanzplanung Nordrhein-Westfalen 2009 bis 2013, S. 41; die folgenden Angaben finden sich ebenda.

erreichen. Dieses Konzept ist allerdings mit großen Risiken behaftet. Ob die Gewerkschaften der Deckelung der Steigerungsraten bei den Personalausgaben zustimmen werden, ist ungewiss. Zudem sieht es derzeit nicht nach einer deutlichen Reduzierung des Personalkörpers aus. So sollen beispielsweise die rückläufigen Schülerzahlen nicht zum Abbau von Lehrerstellen führen, sondern nur zur Verkleinerung der Schulklassen. Ein weiteres Risiko in der Finanzplanung der Länder besteht in der Entwicklung der Zinsausgaben, die förmlich explodieren würden, wenn das Zinsniveau kräftig stiege. Sollten dann noch die Steuereinnahmen nicht konstant oder nur gering steigen[71], müssten die Länder aufgrund der Schuldenbremse nach Hilfen des Bundes rufen[72] – und kräftig zulasten der Kommunen sparen[73]. Dieser Mechanismus stellt in der Geschichte eher die Regel als die Ausnahme dar.

3. Strukturelle Krise der Kommunalfinanzen

Die auf Johannes von Miquel zurückgehende Finanzreform von 1890/93 war eine erfolgreiche Antwort auf die damalige Krise der Kommunalfinanzen. Sie ermöglichte den preußischen Kommunen mit den Zuschlagsrechten auf die Einkommen-, Gewerbe- und Grundsteuer ein hohes Maß an Finanzautonomie[74]. Die erheblichen Einnahmemöglichkeiten führten zu einer Blüte der kommunalen Selbstverwaltung und legten die Grundlage der städtischen Infrastruktur. 1919 wurde die Finanzautonomie der Kommunen erheblich beschnitten, da sie das Zuschlagsrecht auf die Einkommensteuer verloren. Der Kampf der kommunalen Verbände war während der gesamten Weimarer Zeit darauf abgestellt, dieses Zuschlagsrecht wiederzuerlangen. Immer wieder in Aussicht gestellt, schien dieses Ziel einige Male zwar greifbar nahe zu sein, doch die Weltwirtschaftskrise machte letztlich alle Hoffnungen der Städte und Gemeinden zunichte.

---

[71] Hessen plant beispielsweise mit einem durchschnittlichen Wachstum der Einnahmen 2010–2020 in Höhe von 2,9 Prozent, während die Ausgaben nur um 1,1 Prozent pro Jahr steigen dürfen; vgl. Die Einführung der Schuldenbremse in Hessen. Hintergründe und Argumente, hrsg. vom Hessischen Ministerium der Finanzen, Wiesbaden 2010, S. 12f.
[72] Vgl. Lars P. Feld, Sinnhaftigkeit und Effektivität der deutschen Schuldenbremse, in: Perspektiven der Wirtschaftspolitik 11 (2010), S. 226–245, hier S. 239ff.
[73] Vgl. Helmit Dedy/Ann Dahlke, Die Auswirkungen der Schuldenbremse auf die Kommunen, in: Der Gemeindehaushalt 112 (2011), S. 1ff., hier S. 1.
[74] Vgl. Hermann Elsner, Das Gemeindefinanzsystem. Geschichte, Ideen, Grundlagen, Köln 1979, sowie Hansmann, Kommunalfinanzen.

Mit der Finanzreform von 1969 wurde die Möglichkeit eines kommunalen Einkommensteuerzuschlags zwar ausdrücklich ins Grundgesetz aufgenommen, aber bis heute nicht durch ein Gesetz umgesetzt. Die Kommunen befürchten erhebliche Umverteilungswirkungen[75], während die Unternehmensverbände vor allem die Gewerbesteuer abschaffen wollen und als Ersatz Zuschläge auf die Einkommen- und Körperschaftsteuer ins Spiel brachten[76]. Im Rahmen der 2010 eingesetzten Gemeindefinanzkommission versuchte Bundesfinanzminister Wolfgang Schäuble (CDU), ein kommunales Zuschlagsrecht auf die Einkommensteuer durchzusetzen[77], scheiterte aber am erbitterten Widerstand des Städtetags.

Die Gemeindefinanzreform steht immer dann auf der politischen Agenda ganz oben, wenn die strukturelle Krise der Kommunalfinanzen durch eine Phase des konjunkturellen Abschwungs verschärft wird. Die Kommunen befinden sich seit Anfang der 1990er Jahre in einer Finanzkrise. Seitdem schafften viele Städte und Gemeinden den gesetzlich vorgeschriebenen Haushaltsausgleich nur in Boomjahren. Haushaltsüberschüsse, die im System der kommunalen Haushalte die Investitionen finanzieren sollen, konnten kaum mehr erwirtschaftet werden; im Gegenteil, meist sind die städtischen Haushalte in den letzten 20 Jahren tief defizitär gewesen. Dass diese Defizite nicht nur ein Problem des Kämmerers sind, sondern reale Auswirkungen haben, zeigt der Zustand der kommunalen Infrastruktur[78]. Hier verhält es sich nicht anders als bei einem privaten Haushalt. Wer sein Girokonto permanent überzieht, kann sich keine Investitionen leisten. 1973 standen Investitionen und Sozialausgaben der Stadt Hannover im Verhältnis von drei zu eins zueinander. 37 Jahre später waren die Sozialausgaben acht Mal so hoch wie die Investitionen[79].

Die wichtigste Kennzahl der Krise ist die Höhe der Kassenkredite. Diese dienen eigentlich nur zur Überbrückung kurzfristiger Liquiditätsengpässe,

[75] Vgl. Michael Broer, Wirkungen des kommunalen Zuschlagrechts zur Einkommen- und Körperschaftsteuer, in: Wirtschaftdienst 9/2003, S. 599–607.

[76] Vgl. Verfassungskonforme Reform der Gewerbesteuer. Konzept einer kommunalen Einkommen- und Gewinnsteuer, hrsg. vom Bundesverband der Deutschen Industrie/ Verband der Chemischen Industrie, Köln 2001.

[77] Vgl. Werner Gatzer, Reform der Gemeindefinanzen – Ausgabenentlastung allein reicht nicht, in: Hansmann (Hrsg.), Kommunalfinanzen in der Krise, S. 141–153; das Folgende nach diesem Sammelband.

[78] Vgl. Michael Reidenbach u. a., Investitionsrückstand und Investitionsbedarf der Kommunen. Ausmaß, Ursache, Folgen, Strategien, Berlin 2008.

[79] Vgl. die Haushaltspläne der Landeshauptstadt Hannover von 1975 und 2010 (eigene Berechnungen).

stopfen aber seit rund 20 Jahren die Löcher in den kommunalen Haushalten. Während die langfristige Verschuldung der Kommunen verglichen mit Bund und Ländern alles andere als dramatisch erscheint und seit Jahrzehnten mehr oder weniger stagniert, haben viele Städte und Gemeinden ihr Girokonto heftig überzogen. Bereits 2007, also vor der Wirtschaftskrise, waren Kassenkredite in Höhe von fast 30 Milliarden Euro aufgelaufen[80]. Selbst diese Zahl klingt nicht dramatisch hoch. Wer jedoch mittels eines Girokontos einen Teil seiner laufenden Ausgaben finanziert, ist im Grunde bankrott. Die Kommunen haben im Vergleich zu einer Privatperson jedoch zwei Vorteile: Sie sind nicht insolvenzfähig, und sie bekommen kurzfristige Kredite zu extrem günstigen Konditionen.

Die nicht ausgeglichenen Kommunalhaushalte ergeben sich aus der Zangenbewegung von stark steigenden Sozialausgaben und einbrechenden Steuereinnahmen. Mit über 40 Milliarden Euro 2009 haben sich die kommunalen Sozialausgaben seit Anfang der 1990er Jahre beinahe verdoppelt[81]. Hingegen vermochten die meisten Kommunen, den Anstieg ihrer Personal und Sachkosten zu reduzieren. Die Einsparungen reichten jedoch oftmals nur dafür aus, die vom Gesetzgeber neu veranlassten Aufgaben zu finanzieren. Bund und Länder haben das kommunale Ausgabenproblem durch nicht ausreichend finanzierte Aufgabenübertragungen zu einem erheblichen Maß mit verursacht. Das anschaulichste Beispiel ist die Kindertagesbetreuung. Hier haben sich die Ausgaben der Stadt Hannover von 1989 bis 2009 fast verfünffacht[82]. Möglicherweise wäre der dramatische Anstieg der Sozialausgaben sogar noch aufzufangen gewesen, wenn nicht zur gleichen Zeit die Einnahmenbasis weggebrochen wäre. Das Einnahmenproblem ist jedoch nicht nur die zwangsläufige Konsequenz konjunktureller Abschwungphasen, sondern zu einem großen Teil auch die Folge steuerpolitischer Entscheidungen auf Bundesebene[83].

Die strukturelle Krise der Kommunalfinanzen, die sich insbesondere im dramatischen Anstieg der kurzfristigen Verschuldung auf über 40 Milliarden Euro Ende 2010 manifestiert, ist hauptsächlich eine Folge des unzureichenden Finanzausgleichs zwischen Bund und Ländern auf der einen Seite und den Kommunen auf der anderen Seite.

---

[80] Vgl. Gemeindefinanzbericht 2008, in: Der Städtetag 5/2008, S. 6.
[81] Vgl. Sozialleistungen der Städte in Not, S. 6.
[82] Vgl. Haushaltspläne der Landeshauptstadt Hannover von 1991 und 2010.
[83] Vgl. Hansmann, Einnahmenproblem, S. 236–242.

VII. Lösungsansätze

1. Rechtliche Begrenzungen

Die steigenden Kassenkredite der Kommunen verdeutlichen, dass mittlerweile die historische Grundregel verletzt wird, keine Schulden zur Finanzierung laufender Ausgaben aufzunehmen. Die 1969 im Grundgesetz verankerte „goldene Regel" schrieb vor, dass sich der Staat nur für Investitionen verschulden dürfe[1]. Allerdings wurde der Investitionsbegriff stets weit ausgelegt, um den Handlungsspielraum zu erhöhen. Und wenn das nicht reichte, verkündete der Bundesfinanzminister eine Störung des gesamtwirtschaftlichen Gleichgewichts. Damit sollte eine antizyklische Finanzpolitik ermöglicht werden. In der Praxis führte es allerdings dazu, dass Bund und Länder ihre Kredite auch für laufende Ausgaben langfristig aufnahmen. Kassenkredite – früher hätte man gesagt: „schwebende Schuld" – existierten dadurch auf Bundes- oder Landesebene mit Ausnahme der zu vernachlässigenden Betriebsmittelkredite nicht.

Bis zur Haushaltsreform von 1969 gab es bei Bund und Ländern einen ordentlichen und außerordentlichen Haushalt. Im letzteren wurden – ähnlich zu den kommunalen Vermögenshaushalten – die Investitionen veranschlagt, die der Staat mit fundierten Krediten, also klassischerweise mit Anleihen, finanzierte. Kredite sollten nur für „werbende" oder „produktive" Investitionen aufgenommen werden. Fritz Schäffer meinte daher, *Deficit spending* sei „durch das Grundgesetz in der deutschen Finanzpolitik untersagt"[2]. Allzu oft wurde aber bereits damals auf die Umwegrentabilität verwiesen. Arbeitsplatzeffekte und höhere Steuereinnahmen mussten herhalten, um eine Rentierlichkeit zu belegen. Der Nachweis konnte selbstredend nie erbracht werden. Seitdem es die Unterscheidung in ordentlichen und außerordentlichen Haushalt nicht mehr gab, konnten die Haushaltslücken mit einer fundierten Schuldaufnahme geschlossen werden. Damit verschleierte insbesondere der Bund seine problematische Finanzlage.

---

[1] Vgl. hierzu und zum Folgenden Elmar Dönnebrink u. a., Entstehungsgeschichte und Entwicklung des BMF-Konzepts, in: Christian Kastrop/Gisela Meister-Scheufelen/Margaretha Sudhof (Hrsg.), Die neuen Schuldenregeln im Grundgesetz. Zur Fortentwicklung der bundesstaatlichen Finanzbeziehungen, Berlin 2010, S. 22–61, hier S. 23–30.
[2] Rede zur Einbringung des Haushalts von Fritz Schäffer am 9. 11. 1950, in: Haushaltsreden. Die Ära Schäffer, 1949 bis 1957, bearb. von Kurt-Dieter Wagner u. a., Bonn 1992, S. 81.

Nicht nur die „goldene Regel" des Grundgesetzes, die Verschuldung auf die Höhe der Investitionen zu begrenzen, hat sich als unwirksam erwiesen[3], sondern auch die Maastricht-Kriterien waren keine wirksame Schuldenbremse. Zwar haben sie sowohl in Deutschland als auch in anderen europäischen Staaten in der zweiten Hälfte der 1990er Jahre eine konsolidierende Finanzpolitik gefördert, doch mit der Aufnahme in den Kreis der Euro-Länder wurden die Zügel häufig wieder gelockert. Über die Begrenzung der Schulden auf maximal 60 Prozent des Bruttoinlandsprodukts redet heute niemand mehr. Nur die drei Prozent-Regel für das jährliche Defizit wird von der Europäischen Kommission noch hochgehalten, von den meisten Mitgliedstaaten aber spätestens seit der 2008 einsetzenden Wirtschaftskrise ignoriert. Dabei haben Deutschland und Frankreich eine unrühmliche Rolle gespielt, als sie im Jahr 2005 eine erhebliche Lockerung der Maastricht-Kriterien durchsetzten[4].

Nach langer Diskussion hat die zweite Große Koalition im Sommer 2009 die sogenannte Schuldenbremse verabschiedet[5]. Demnach darf die Nettoneuverschuldung des Bundes ab 2016 nur noch 0,35 Prozent des Bruttoinlandsprodukts betragen, während die Bundesländer sich ab 2020 überhaupt nicht mehr verschulden dürfen[6]. Diese Klauseln sind vorbereitet worden, als die Steuereinnahmen sprudelten und der Bund und die Mehrzahl der Bundesländer entweder bereits über einen ausgeglichenen Haushalt verfügten oder kurz davor standen. Dieser positive Zustand der öffentlichen Finanzen und der Umstand, dass die Regel erst in einigen Jahren greifen wird, haben die Zustimmung zur Schuldenbremse ungemein erleichtert. Die 2009/10 stark angestiegene Verschuldung lässt Zweifel aufkommen, ob die Zielvorgaben der Schuldenbremse zu erreichen sind. Mit einiger Berechtigung ist zu fragen, warum ausgerechnet dieses Mal die geltenden Regeln eingehalten werden sollten, da die „Erfahrung der letzten 40 Jahre" zeigt, dass „gesetzlich normierte Schuldengrenzen die Neuverschuldung" mitnichten verhindern[7].

[3] Vgl. Kai A. Konrad, Überlegungen zur „Goldenen Regel" zur Schuldenbegrenzung, in: ders./Jochimsen (Hrsg.), Föderalismuskommission II, S. 77–89.
[4] Vgl. Bajohr, Grundriss Staatliche Finanzpolitik, S. 51.
[5] Vgl. den Überblick bei Kastrop/Meister-Scheufelen/Sudhof (Hrsg.), Schuldenregeln.
[6] Vgl. Monatsbericht des Bundesministeriums der Finanzen vom März 2009, S. 36–44, hier S. 39.
[7] Stefan Korioth, Die neuen Schuldenbegrenzungsregeln für Bund und Länder – symbolische Verfassungsänderung oder gelungene Schuldenbremse?, in: Perspektiven der Wirtschaftspolitik 11 (2010), S. 270–287, hier S. 285. Vgl. dagegen optimistischer Mark Hallerberg, The German Debt Brake in Comparative Perspective. When Do Fiscal

2. Insolvenz

Man könnte den Schuldenstaat freilich auch durch die Einführung eines förmlichen Insolvenzverfahrens für Gebietskörperschaften überwinden. Dieser Ansatz wird immer dann diskutiert, wenn ein größeres Land in finanzpolitische Turbulenzen gerät wie zum Beispiel Argentinien 2002 oder Griechenland 2010. Trotz mehrerer Anläufe, die vom Internationalen Währungsfonds ausgingen, ist die Staatsinsolvenz bisher nicht eingeführt worden[8]. Für die Mitgliedstaaten der Europäischen Union (EU) fordert insbesondere die Wissenschaft ein geordnetes Insolvenzverfahren[9]. So bezeichnet das „Plenum der Ökonomen" in seiner Stellungnahme zur EU-Schuldenkrise „die Möglichkeit einer Staatsinsolvenz mit anschließender Umschuldung" als beste „Strategie gegen Überschuldungskrisen im Euroraum"[10]. Erst nachdem „private Gläubiger zumindest auf einen Teil ihrer Forderungen" verzichtet haben, „sind Hilfskredite der EU geboten". Obwohl Kanzlerin Merkel und Finanzminister Schäuble genau dies anmahnten und das im Maastrichter Vertrag verankerte *No-Bail-out*-Prinzip nicht aufgeben wollten, bewegt sich die EU mit dem jüngst beschlossenen Europäischen Stabilisierungsmechanismus (ESM) „in Richtung einer zentralisierten Wirtschafts- und Finanzpolitik bei vergemeinschafteter Haftung"[11]. Wahrscheinlich wird es auch in Zukunft nicht zu einem europäischen oder internationalen Insolvenzrecht für Staaten kommen, da keine Regierung bereit sein dürfte, Entscheidungsbefugnisse des eigenen Landes aufzugeben.

In föderal aufgebauten Staaten besteht die Möglichkeit, dass die Einzelstaaten beziehungsweise Länder und die Kommunen insolvenzfähig sind. In den USA waren die Bundesstaaten früher häufig bankrott[12]. Anfang 2011

Rules Suceed?, in: Kastrop/Meister-Scheufelen/Sudhof (Hrsg.), Schuldenregeln, S. 287–303, hier S. 300.

[8] Vgl. Alexander Szodruch, Staateninsolvenz und private Gläubiger: Rechtsprobleme des Private Sector Involvement bei staatlichen Finanzkrisen im 21. Jahrhundert, Berlin 2008.

[9] Vgl. z.B. Wissenschaftlicher Beirat beim Bundesministerium für Wirtschaft und Technologie, Gutachten 01/11: Überschuldung und Staatsinsolvenz in der Europäischen Union, Berlin 2011.

[10] Hier und nachfolgend: www.wiso.uni-hamburg.de/lucke/?p=581.

[11] Gemeinschaftsdiagnose vom Frühjahr 2011: Aufschwung setzt sich fort. Europäische Schuldenkrise noch ungelöst, Halle 2011, S. 51. Die Formulierungen bezüglich der *Collective Action Clauses* sind im ESM so weich gefasst, dass private Gläubiger auch ab 2013 wohl kaum auf Forderungen verzichten müssen. Sie haben im Grunde nur eine gesichtswahrende Funktion für die deutsche Bundesregierung.

[12] Vgl. Manes, Staatsbankrotte, S. 16, und Wright, Nation under debt, S. 275 ff.

wurde von den Republikanern ein Gesetzentwurf zur Insolvenzmöglichkeit der Bundesstaaten angekündigt[13]. Amerikanische Kommunen sind bereits insolvenzfähig und melden tatsächlich auch Insolvenz an[14]. Auch in Deutschland wird dieser Ansatz seit einiger Zeit diskutiert. Während eine Reihe von Ökonomen und Juristen[15] die positiven Effekte der Insolvenzfähigkeit wie zum Beispiel die Beteiligung der Gläubiger an der Sanierung und die disziplinierende Wirkung auf das Ausgabeverhalten betonen, lehnt insbesondere der Städtetag diesen Ansatz entschieden ab[16], da sich die Kreditaufnahme schlagartig verteuern würde und die kommunale Selbstverwaltung grundsätzlich in Frage gestellt wäre.

In der Tat könnte eine Insolvenz die Selbstverwaltung der betroffenen Kommune temporär außer Kraft setzen. Zwar drohte aufgrund der „Systemrelevanz" keine Abwicklung der Kommune, sondern es ginge – wie in den USA – lediglich um die Sanierung des Haushalts. Allerdings würde das für die betroffene Gemeinde zuständige Bundesland wohl einen Staatskommissar einsetzten, der die Geschäfte sowohl vom Oberbürgermeister als auch vom Stadtrat übernähme.

Selbstverständlich können die Aufgaben einer Kommune nicht einfach abgewickelt werden. Das ist ein zentraler Unterschied zur überwiegenden Mehrheit der privaten Unternehmen. Die Produkte und Dienstleistungen eines Automobilunternehmens oder einer Kaufhauskette können relativ leicht durch die Konkurrenz ersetzt werden, gerade weil es auf diesen Märkten heftigen Wettbewerb und eventuell sogar Überproduktion gibt. Hingegen gelten große Banken als systemrelevant, weswegen sie in der Finanzkrise

---

[13] Vgl. Agentur Reuters vom 22.1.2011, 11.43 Uhr.
[14] Beispiele sind Vallejo und Harrisburg. Vgl. Die Zeit vom 19.8.2010 und Handelsblatt vom 25.6.2010.
[15] Vgl. Christian Magin, Kommunale Rechnungslegung. Konzeptionelle Überlegungen, Bilanzanalyse, Rating und Insolvenz, Wiesbaden 2011, S.202–231; Hannes Rehm/Sigrid Matern-Rehm, Kommunalfinanzen, Wiesbaden 2010, S.175–187; Stefan Niederste Frielinghaus, Die kommunale Insolvenz als Sanierungsansatz für die öffentlichen Finanzen, Stuttgart 2007; Blankart, Föderalismus, S.169–178; Jens Lehmann, Die Konkursfähigkeit juristischer Personen des öffentlichen Rechts, Berlin 1999, insbesondere S.91–106. Blankart und Lehmann erläutern aktuelle und historische Beispiele von Kommunalinsolvenzen, vor allem Leukerbad in der Schweiz im Jahr 1998 und Glashütte zu Beginn der Weltwirtschaftskrise 1929.
[16] Vgl. Arbeitsgemeinschaft der kommunalen Spitzenverbände NRW, Stellungnahme zur Sachverständigenanhörung am 5.11.2008 im Ausschuss für Kommunalpolitik und Verwaltungsstrukturreform des Landtages Nordrhein-Westfalen „Rechtliche Zuverlässigkeit einer Überschuldung einzelner Kommunen gem. §75 Abs. 7 GO NRW", Köln 2008.

von 2008/09 staatliche Hilfen erhalten haben. Eine Kommune ist ebenfalls systemrelevant, zumindest für ihre Bürger. Die meisten kommunalen Aufgaben können nicht einfach eingestellt werden. So müssen beispielsweise Personalausweise weiterhin ausgegeben werden, und der Müll würde bei Nichtabholung spätestens nach einer Woche anfangen zu stinken.

Die Frage stellt sich, wann eine Kommune Insolvenz anmelden müsste. Grundsätzlich gibt es zwei mögliche Ursachen: Liquiditätsschwierigkeiten oder bilanzielle Überschuldung. Bei einer kommunalen Insolvenzfähigkeit wäre es nicht unwahrscheinlich, dass insbesondere Städte mit hohen strukturellen Haushaltsdefiziten von den Banken keine Kassenkredite mehr bekämen. Dann würde der Insolvenzfall sofort eintreten, da die Stadt ihren Verpflichtungen nicht mehr nachkommen könnte. Die bilanzielle Überschuldung als Insolvenzmaßstab gestaltet sich bei einer Kommune deutlich schwieriger. Viele Städte haben ihr Vermögen im Rahmen der Umstellung auf das kaufmännische Rechnungswesen mittlerweile bewertet[17]. Das kommunale Eigenkapital ist anders anzusehen als das Eigenkapital eines Unternehmens, welches tatsächlich eine wichtige Funktion für den Gläubigerschutz hat[18]. Ein Großteil des kommunalen Vermögens ist nicht rentabel und faktisch unverkäuflich. Zwar lässt sich allein ein Museum mühelos auf hunderte von Millionen Euro bewerten, realisierbar sind diese Werte aber in der Regel nicht. So wollte die Stadt Krefeld ein Gemälde zur Sanierung des Kunstmuseums verkaufen[19]. Der Schätzwert für „Das Parlamentsgebäude in London" von Claude Monet lag bei 20 Millionen Euro. Der Aufschrei war jedoch gewaltig. Der Deutsche Museumsbund sah in diesem Vorgang einen Verstoß gegen den internationalen Museums-Ehrenkodex. Dieser Kritik schloss sich Kulturstaatsminister Bernd Neumann (CDU) an. Der Kulturausschuss des Landtags äußerte sein „Befremden" über die Pläne. Schließlich sprach sich der Krefelder Stadtrat einstimmig gegen die Veräußerung des Kunstwerks aus. Da also ein Großteil des kommunalen Vermögens nicht veräußert werden kann, stehen scheinbar reiche Städte nicht unbedingt besser da als Städte mit einem negativen Eigenkapital.

---

[17] Vgl. Philipp Häfner, Doppelte Buchführung für Kommunen, München ⁴2009, S. 22f.

[18] Vgl. Oliver Kiamann/Stefan Wielenberg, Sind die Regeln der externen Unternehmensrechnung auf die kommunale Rechnungslegung übertragbar?, in: Zeitschrift für Betriebswirtschaft 80 (2010), S. 237–261, hier S. 254f., sowie Christian Magin, Kommunale Doppik: (Miss-)Verständnisse und Weiterentwicklungen, in: Der Gemeindehaushalt 108 (2007), S. 175–180, hier S. 177f.

[19] Vgl. hierzu und zum Folgenden Spiegel online vom 3. 11. 2006 sowie Der Spiegel vom 16. 10. 2006, S. 19.

Was würde die Insolvenz einer deutschen Kommune bedeuten? Nachdem die Stadt aufgrund erheblicher Liquiditätsschwierigkeiten Insolvenz angemeldet hat, setzt das Land einen Staatskommissar ein, der seinerseits einen erfahrenen Insolvenzverwalter mit der Erarbeitung eines Sanierungsplans beauftragt. Da ein Viertel der Ausgaben der Kommune durch das Personal verursacht wird, setzt der Insolvenzverwalter als erstes hier an und lädt die Beschäftigten zu einer Personalversammlung ein. Dort werden eine Gehaltskürzung von 20 Prozent für alle Mitarbeiter, 2500 betriebsbedingte Kündigungen sowie der Verkauf nicht betriebsnotwendiger Teile des Konzerns Stadt angekündigt. Der Insolvenzverwalter leitet eine großflächige Privatisierung ein: Krankenhäuser, Pflegeheime, Stadtwerke, Flughafen, Messe, Wohnungsunternehmen, Parkhäuser, Hafen, Stadtentwässerung und Müllabfuhr werden in einem Bieterverfahren ausgeschrieben. Der Verkaufserlös wird eingesetzt, um die Stadt komplett zu entschulden, und zwar sowohl von den kurz- als auch von den langfristigen Krediten. Darüber hinaus soll die Eigenkapitalausstattung der Kommune deutlich erhöht werden, um sie für die Zukunft krisensicherer zu machen. Auch die Gläubiger tragen zur Sanierung bei. Sie müssen auf einen nicht geringen Teil ihrer Forderungen verzichten, was üblicherweise eine wichtige Intention von Unternehmensinsolvenzen ist.

Das Sanierungsprogramm sieht jedoch nicht nur vor, die Filetstücke des Konzerns Stadt zu verkaufen. Es wird vielmehr auch eine große Zahl städtischer Einrichtungen geschlossen. Dazu zählen insbesondere die städtischen Theater und Museen, das kommunale Kino, die Hälfte der Hallenbäder, die Freizeitheime, die Jugendzentren und das Kongresszentrum. Oper und Kunstmuseum werden nicht geschlossen, sondern vom Land übernommen. Darüber hinaus setzt der Insolvenzverwalter die Einstellung folgender städtischer Aufgaben durch: Beschäftigungsförderung, Wirtschaftsförderung, Wohnungsbauförderung, Kulturförderung.

Alle anderen Aufgaben werden auf ihre zwingenden gesetzlichen Standards zurückgeführt. Die drei bis sechsjährigen Kinder werden zum Beispiel nicht mehr ganztags, sondern nur noch halbtags betreut. Von den 25 000 Beschäftigten im Konzern Stadt ist am Ende die Hälfte „privatisiert"; weiteren zehn Prozent wird gekündigt. Die Personalkosten sinken durch diese Maßnahmen um 40 Prozent. Zinsaufwand gibt es keinen mehr, da die Stadt vollständig entschuldet ist. Im Gegenteil, die Stadt kann jetzt Geld anlegen. Mit der Reduzierung der Aufgaben sowie der sozialen Standards sinken zudem die Sach- und Transferausgaben erheblich. Als gegenläufige Effekte bleiben die Aufwendungen für den Sozialplan und der Verlust der Gewinnabführungen insbesondere von den Stadtwerken.

Als Ergebnis der Insolvenzverwaltung werden die großen Kostenblöcke des städtischen Haushalts deutlich gesenkt: Personalkosten (-30 Prozent), Sachkosten (-10 Prozent), Sozialausgaben (-10 Prozent), Zuwendungen für Vereine und Dritte (-30 Prozent) sowie Zinsen (-100 Prozent); dies entspricht einer Einsparung von insgesamt rund 20 Prozent der städtischen Gesamtausgaben. Ferner werden die Gewerbesteuer um ein Viertel und die Grundsteuer um die Hälfte erhöht. Durch das radikale Konsolidierungsprogramm kann der Haushaltsausgleich selbst dann erreicht werden, wenn die Gewerbesteuer infolge schlechter Konjunktur einbricht. Bei guter Konjunktur und hohen Steuereinnahmen kann die Stadt im erheblichen Umfang Investitionen finanzieren und Rücklagen bilden. Diese Eigenfinanzierung ist allerdings auch notwendig, da die Stadt in absehbarer Zukunft keine Kredite mehr erhält.

Die Insolvenz würde also die grundlegende Sanierung des Haushalts ermöglichen und eine effektive Schuldenbremse bedeuten. Faktisch können die Ausgaben freilich nur mit Hilfe einer Zwangsverwaltung massiv gesenkt werden. Ein Oberbürgermeister würde im Stadtrat nie eine Mehrheit für ein derartig radikales Sparprogramm bekommen. Wie sieht die Stadt ansonsten nach der Insolvenz aus? Es gibt nur noch das Landesmuseum und das Staatstheater, einige private Kunstgalerien und kleinere Privattheater. Die über mehr als 100 Jahre gewachsene Kulturszene mit ihren vielfältigen Einrichtungen und Organisationen implodiert ohne städtische Subvention. Kultur als ein wichtiges Charakteristikum der europäischen Stadt spielt in dieser Kommune nur noch eine untergeordnete Rolle. Der größte Teil der Bevölkerung hat die heimischen Theater und Museen allerdings wohl das letzte Mal in der Schulzeit besucht und wird den Zusammenbruch der Kulturszene vermutlich nicht als großen persönlichen Verlust empfinden.

Unmittelbarer wirken hingegen die Reduzierung der Sportförderung und der Abbau der Standards in der Kinderbetreuung. Eine ganze Reihe von Sportvereinen löst sich auf, weil sie durch fehlende Zuwendungen der Stadt praktisch pleite sind; die verbleibenden Vereine müssen ihre Mitgliedsbeiträge kräftig anheben. Die reduzierte Kinderbetreuung stellt berufstätige Eltern vor fast unlösbare Probleme, die Beschäftigungsquote von Frauen sinkt daher deutlich. Generell steigt die Arbeitslosigkeit kräftig an, da die meisten vormals bei der Stadt beschäftigten Mitarbeiter Probleme haben, einen neuen Arbeitsplatz zu finden. Auch die neuen Eigentümer der vormaligen Kommunalunternehmen bauen massiv Personal ab. Beim Erwerb der Stadtwerke ging es ihnen vor allem um den lokalen Absatzmarkt. Der Flughafen ist nur noch die Dependance eines großen internationalen Flughafens. Das gleiche gilt für die Messe. Die privaten Investoren verlieren dort schnell die Geduld und verkaufen sie an eine andere Messegesellschaft. Einen großen Teil der durch den Sparkurs der Stadt verursachten Arbeitslosigkeit hat die Bundesagentur für Arbeit zu bewältigen. Auf die Kommune kommen dagegen die erhöhten Kosten der Unterkunft für die Hartz IV-Empfänger zu. Zudem wird erst jetzt deutlich, wie viele hauptamtliche Stellen bei den Wohlfahrtsverbänden offenbar von der Stadt bezahlt worden sind. Denn auch diese müssen nach der Kürzung der städtischen Zuschüsse massiv Personal abbauen. Last but not least, kümmert sich nur noch die Polizei um sozial auffällige Personen. Die Stadt hat sich aus der aktiven Sozialarbeit weitgehend zurückgezogen. *Streetworker* und aufsuchende Sozialarbeiter gibt es keine mehr. Jugendzentren sind dichtgemacht. Soziale und kulturelle Verarmung sind der Preis für die Rosskur bei den städtischen Finanzen.

Rechtlich dürfte die Kommunal- und Länderinsolvenz relativ leicht umzusetzen sein. Möglicherweise müsste nur ein Satz im Insolvenzrecht gestrichen werden[20]. Natürlich ginge es bei einer Kommunalinsolvenz darum, die Stadt zu sanieren und nicht aufzulösen, denn zumindest die Pflichtaufgaben sind weiter zu erfüllen. Anstatt einer Auflösung käme allenfalls die Zusammenlegung mit einer anderen Kommune in Betracht. Wenn als Folge der Insolvenzfähigkeit Landkreise oder Bundesländer fusionieren müssten, wäre dies sicherlich ein gutes Ergebnis; denn von beiden Gebietskörperschaften gibt es zu viele.

Der Sanierungsansatz ist eine Möglichkeit, um von einem zu hohen Ausgabenniveau herunterzukommen und die Steuersätze deutlich anzuheben. Im normalen Politik- und Verwaltungsgeschäft sind harte Einschnitte und kräftige Steuererhöhungen kaum durchzusetzen. Schließungen von Museen oder betriebsbedingte Kündigungen sind Tabus. Vermutlich würde es aber gar nicht oft zu einer Insolvenz kommen, da allein die Möglichkeit einer solchen eine disziplinierende Wirkung entfalten dürfte. Durch die rechtliche Unmöglichkeit einer Insolvenz läuft im Grunde alles so weiter wie bisher, auch wenn die Kredite exponentiell steigen. Um die Defizitentwicklung zu begrenzen, kann der Finanzverantwortliche nur auf seine Überzeugungskraft setzen oder mit Rücktritt drohen. Die sozialen und kulturellen Folgen einer Insolvenz könnten hingegen eine Drohkulisse bilden, die keinen politischen Akteur kalt ließe. Die Haushaltszahlen wären dann nicht mehr nur das Problem des Finanzministers oder Kämmerers, sondern würden auch in der Fachpolitik auf mehr Interesse stoßen.

---

[20] Vgl. Blankart, Föderalismus, S. 208 f.

Der Vergleich zur freien Wirtschaft soll diesen Punkt verdeutlichen. In einem Unternehmen, das trotz hoher und vor allem dauerhafter Verluste einen Anteilseigner hat, der Kapital immer klaglos und in unbegrenzter Höhe nachschießt, würden vermutlich weder eine strategische Neuausrichtung noch harte Kostensenkungsprogramme umgesetzt werden. Auch in einem Unternehmen sind Führungskräfte und Beschäftigte keineswegs automatisch betriebswirtschaftlich denkende Menschen. Ein deutscher Ingenieur besitzt vor allem den Ehrgeiz, gute Maschinen zu entwickeln, während der Preis und die Bedürfnisse des Nutzers ihn weniger interessieren. Da unterscheidet er sich nicht von den Sachbearbeitern in der Fachverwaltung, die immer neue Programme entwickeln und ihr Budget ständig erweitern möchten. Nur der zu erwirtschaftende Deckungsbeitrag unterscheidet das Unternehmen von der öffentlichen Verwaltung. Wird dieser nicht erzielt, steht zunächst das flexible Gehalt und im zweiten Schritt auch der Arbeitsplatz zur Disposition. Wenn es ernst wird, finden Menschen erfahrungsgemäß Lösungen, die vorher kaum möglich schienen. So wäre es möglicherweise auch, wenn einer Gebietskörperschaft die Insolvenz drohte. Darüber hinaus bestünde ein teils kritischer, teils positiver Effekt darin, dass die öffentliche Hand nicht mehr unbeschränkt Kredite erhielte oder sich Kredite zumindest im Einzelfall deutlich verteuerten. Die Banken würden genauer prüfen, ob beispielsweise eine Kommune noch kreditwürdig ist und in welcher Höhe ein Risikoaufschlag fällig wäre. Letzteres würde die Haushaltssituation erst einmal verschlechtern, da es momentan keine günstigere Finanzierung als einen deutschen Kommunalkredit gibt. Das würde sich bei einer Insolvenzmöglichkeit ändern. Möglicherweise würden die politischen Entscheidungsträger dann auf nicht unbedingt nötige Ausgaben verzichten oder eher Steuern erhöhen, als teure Kredite aufzunehmen. Die politische Rationalität könnte sich aufgrund der Insolvenzmöglichkeit der betriebswirtschaftlichen Rationalität beziehungsweise dem gesunden Menschenverstand annähern.

3. Inflation

Währungen werden zum Zweck der Staatsfinanzierung manipuliert, seitdem es Geld gibt. So reduzierten beispielsweise die Römer den Kupfergehalt ihrer Münzen während der Punischen Kriege erheblich[21]. Dadurch bezahl-

---

[21] Vgl. hierzu und zu weiteren Inflationen in der Geschichte Peter Bernholz, Monetary Regimes and Inflation. History, Economic and Political Relationships, Cheltenham/ Northampton 2003.

ten sie einen Großteil ihrer Schulden nicht, was faktisch einem Staatsbankrott gleichkam. Auch im 20. Jahrhundert setzten Staaten häufig auf Inflation, um Kriegskosten zu finanzieren. Das wohl berühmteste Beispiel ist Deutschland zwischen 1914 und 1923. Obwohl Reichsfinanzminister Matthias Erzberger 1920 den Staatsbankrott verhindern wollte, kam ihm die Inflation entgegen, um die Basiskompromisse der Weimarer Republik finanzieren zu können[22]. Die Demobilisierung, der Ausbau des Sozialstaats sowie der Schuldendienst für die Kriegsanleihen erforderten einen ungeheuren Finanzbedarf, der durch Steuern und fundierte Kreditaufnahme kaum zu decken war.

Wenn der Staat eine relativ hohe Inflation akzeptiert beziehungsweise sogar verursacht, besteht die Gefahr, dass die Situation nicht mehr beherrschbar wird und die Währung ihre Funktion verliert. Genau das war im Deutschen Reich spätestens ab 1922 der Fall. Die Lage geriet außer Kontrolle, die Inflation wurde zur Hyperinflation, die Währung wurde durch eine neue ersetzt. Der Staat war seine Schulden erst einmal los. Der Preis dafür war aber hoch. Ein großer Teil der Mittelschicht war verarmt und hatte nur wenig Vertrauen in die junge Demokratie. Die infolge der Inflation schwache Ausstattung der Banken und Unternehmen mit Eigenkapital wirkte sich in der Wirtschaftskrise besonders verhängnisvoll aus. Aufgrund der Verwüstung des Kapitalmarkts war das Zinsniveau hoch[23], was zusammen mit der „Angst vor der Inflationsangst"[24] den Handlungsspielraum der Politik ab 1929 stark einschränkte.

Die Finanzierung der amerikanischen Kriege seit dem 11. September 2001, die Flutung der Geldmärkte mit Liquidität sowie die überraschende Rückkehr der Konjunkturpolitik als Konsequenz der Wirtschafts- und Finanzkrise von 2008/09 lösen erneute Inflationsängste aus. Absolut besorgniserregend ist dabei vor allem, dass die Notenbanken in großem Stil Staatsanleihen aufkaufen. Sollten die Regierungen diesen Weg weiter gehen wollen und eine relativ hohe Inflation akzeptieren oder sogar forcieren, um ihre Schulden zu reduzieren, wäre das, wie die Geschichte lehrt, ein Spiel mit dem Feuer. Am Ende könnten der Staatsbankrott und eine neue Währung stehen.

---

[22] Vgl. Detlev J. K. Peukert, Die Weimarer Republik. Krisenjahre der klassischen Moderne, Frankfurt a. M. 1987, S. 72f.
[23] Vgl. Theodore Balderston, Links between Inflation and Depression: German Capital and Labour Markets, 1924–1931, in: Gerald D. Feldman (Hrsg.), Die Nachwirkungen der Inflation auf die deutsche Geschichte 1924–1933, München 1985, S. 157–185.
[24] Vgl. Knut Borchardt, Das Gewicht der Inflationsangst in den wirtschaftspolitischen Entscheidungsprozessen während der Weltwirtschaftskrise, in: Feldman (Hrsg.), Nachwirkungen der Inflation, S. 233–260.

4. Nachhaltige Finanzpolitik

Wenn die Ziele der Schuldenbremse ohne Inflation erfüllt werden sollen, bleibt als Lösungsansatz nur eine nachhaltige Finanzpolitik. Dieses Prinzip bedeutet, nicht mehr Ressourcen zu verbrauchen, als zur Verfügung stehen, und gilt ausdrücklich auch für die langfristigen Renten- und Pensionsverpflichtungen. Um ohne Nettoneuverschuldung auszukommen, gibt es nur ein Patentrezept: Ausgaben reduzieren und Einnahmen erhöhen. Am besten würde der Staat sogar auf eine Neuverschuldung in Höhe der Tilgung verzichten und sich somit im Laufe einer Generation entschulden; das wäre allerdings ein äußerst ehrgeiziges Ziel. Bereits bei einem strukturell ausgeglichenen Haushalt, also bei einer nicht mehr steigenden Verschuldung, würde der Staat aus seinen Schulden herauswachsen, wie dies zum Beispiel Großbritannien im 19. Jahrhundert gelang, den USA nach dem Zweiten Weltkrieg oder Belgien nach 1995[25].

Für die Politik ist das „Herauswachsen" aus den Schulden ein verführerisch einfaches Konzept. Ab einem gewissen Ausgabenniveau reicht es in der Regel jedoch nicht, allein auf Wirtschaftswachstum zu setzen. Die in einer Phase des konjunkturellen Aufschwungs sprudelnden Steuereinnahmen decken häufig gerade einmal die Ausgaben wie 2007/08 in Deutschland, obwohl sie eigentlich hohe Überschüsse verursachen müssten. Entwickelt sich die Konjunktur weniger gut, entstehen automatisch hohe Defizite. Um den Haushalt auch bei einer mittleren Konjunkturentwicklung auszugleichen, muss entweder das Ausgabenniveau reduziert oder die Steuerlast erhöht werden.

Auf der Ausgabenseite dürften sich freilich auch in Zukunft kaum echte Kürzungen durchsetzen lassen. Allerdings wären eine Neuausrichtung der Sozialpolitik nach dem Grundsatz Vor- statt Nachsorge sowie die Begrenzung des Anstiegs der Transferausgaben richtig. Das Rentenniveau muss wahrscheinlich noch weiter nach unten korrigiert werden. Das würde das teuerste Wahlgeschenk der bundesdeutschen Geschichte – Adenauers dynamische Rente – endgültig revidieren und die Generationenbilanz erheblich verbessern. Hingegen dürfte der Umstieg auf ein kapitalgedecktes Verfahren zu lange dauern, um in absehbarer Zukunft eine fiskalische Entlastung zu bewirken. Das gilt im Übrigen auch für andere öffentliche Ausgaben. Es wird noch Jahrzehnte dauern, bis die seit einigen Jahren geförderten Stiftungen öffentliche Ausgaben übernehmen können. Im Deutschen Kaiserreich gab

---

[25] Vgl. Wagschal/Wenzelburger, Haushaltskonsolidierung, S. 67–79.

es bereits eine Stiftungskultur, die jedoch unter den beiden Inflationen und später unter der zumindest gefühlt hohen Besteuerung stark gelitten hat. Demgegenüber konnten in den USA ungestört von Hyperinflationen und Staatsbankrotten Universitäten wie Harvard oder Princeton mittels Spenden einen Kapitalstock aufbauen, dessen Verzinsung – zumindest wenn das Geld nicht spekulativen Anlagen zum Opfer gefallen ist – einen nicht unerheblichen Teil des jährlichen Budgets trägt.

Bei den Ausgaben geht es nicht in erster Linie um Kürzungen, sondern um die Reduzierung der Steigerungsraten und um Umschichtungen in Richtung eines „vorsorgenden Sozialstaats". Neben der Rente sei als weiteres Beispiel das Kindergeld genannt, das langfristig eingefroren werden könnte. Stattdessen sollte das Geld für den Ausbau der Kinderbetreuung ausgegeben werden. Denn nicht nur die stetig wachsende Quantität der Ausgaben ist problematisch, sondern auch ihre sinkende Qualität. So steigt der Anteil der Zinsen und der Transferausgaben, insbesondere für die Rente, während der Anteil für Bildung, Wissenschaft und Investitionen sinkt. Im Jahr 2007 waren bereits zwei Drittel des Bundeshaushalts durch Transferausgaben und Zinsen festgelegt.

Fakt ist, dass ein skandinavisches Ausgabenniveau und eine angelsächsische Steuerquote nicht gleichzeitig zu haben sind. Wenn Kürzungen bei den Sozialausgaben nicht durchsetzbar sind, müssen die Abgaben erhöht werden. Da sich die Sozialabgaben bereits auf einem hohen Niveau befinden, kommt nur die Erhöhung der Steuerquote in Frage. Diese stagniert in Deutschland seit über 70 Jahren und ist auch im internationalen Vergleich nicht besonders hoch. Bevor die Tarife erhöht werden, sind zunächst die Bemessungsgrundlagen der großen Steuern grundlegend zu überarbeiten. Ausnahmetatbestände und Steuersubventionen sollten dabei weitgehend abgeschafft werden. Damit der Gewinn nicht mehr klein gerechnet werden kann, ist die Besteuerung der Unternehmen ertragsunabhängiger zu gestalten. Möglicherweise würde bei einer soliden Bemessungsgrundlage bereits die Erhöhung der Steuerquote um ein oder zwei Prozentpunkte ausreichen, um den Haushalt strukturell auszugleichen. Infrage käme ein Mix aus einer Erhöhung der Mehrwertsteuer, der Einkommen- und vor allem der Unternehmensteuern.

Schweden und Finnland sind Beispiele dafür, wie eine nachhaltige Finanzpolitik erfolgreich sein kann, ohne dass der soziale Anspruch aufgegeben werden muss. In der ersten Hälfte der 1990er Jahre hatten schwedische Produkte große Schwierigkeiten, sich auf dem Weltmarkt zu behaupten. Nahezu alles – Industrieunternehmen, Banken und Währung sowie der

Wohlfahrtsstaat – geriet damals in die Krise. Vor dem Hintergrund dieser fundamentalen Krise ist eine bemerkenswerte Kehrtwende gelungen[26]. Strukturreformen, moderate Ausgabenkürzungen, Einnahmenerhöhungen und eine gute Konjunktur haben schließlich zu massiven und dauerhaften Haushaltsüberschüssen geführt. Dabei ist der Staat keinesfalls kaputt gespart worden. Schweden ist kein Niedrigsteuerland. Es finanziert seine im internationalen Vergleich nach wie vor hohen Ausgaben durch eine entsprechend hohe Abgabenquote. Eine ähnliche Entwicklung hat auch sein Nachbar Finnland erlebt. Von den ökonomischen Verwerfungen nach dem Ende des Kalten Kriegs hart getroffen, hat Finnland seine Strukturen grundlegend geändert und damit ebenfalls eine Phase der Haushaltsüberschüsse eingeleitet. Das Land ist sogar zum viel gerühmten PISA-Sieger aufgestiegen, nicht zuletzt weil es von seinen sozialen Transferausgaben in Richtung Bildung umgeschichtet hat.

Zur nachhaltigen Finanzpolitik gehört auch eine Reform des Fiskalföderalismus. Insbesondere die Steuerautonomie der Länder ist unbedingt zu stärken. Das wäre die logische Konsequenz der Schuldenbremse, die den Ländern mit der Kreditaufnahme ihre einzige flexible Einnahmequelle genommen hat[27]. So könnte den Ländern bei der Einkommensteuer die Möglichkeit eingeräumt werden, Zuschläge zu erheben[28]. Die Mehrwertsteuer würde dann zur reinen Bundessteuer. Durch dieses steuerliche Trennsystem und eine Reduzierung der Ausgleichsquote könnten die Fehlanreize im Länderfinanzausgleich deutlich abgebaut werden. Zudem entstünden leistungsfähigere Strukturen, wenn die Anzahl der Bundesländer halbiert würde. Die strukturelle Krise der Kommunalfinanzen könnte weitgehend beseitigt werden, indem die Gewerbesteuer ausgebaut, die Grundsteuer auf eine aktuelle Bemessungsgrundlage gestellt und ein Teil der Sozialausgaben vom Bund

---

[26] Vgl. ebenda, S. 79–88. Überaus interessant ist der Erfahrungsbericht des ehemaligen schwedischen Finanzministers Jens Henriksson, Ten Lessons about Budget Consolidation, Brüssel 2007.

[27] Vgl. Wolfgang Renzsch, Die zweite Stufe der Bundesstaatsreform, in: Egle/Zohlnhöfer (Hrsg.), Zweite Große Koalition, S. 455–462, hier S. 459f.

[28] Viele Politiker betrachten Einkommensteuerzuschläge mit Skepsis, da sie Steuerdumping und eine Abkehr vom Leitbild der Gleichwertigkeit der Lebensverhältnisse befürchten. Clemens Fuest (Steuerwettbewerb unter den Bundesländern – wären die finanzschwachen Länder die Verlierer?, in: Konrad/Jochimsen (Hrsg.), Föderalismuskommission II, S. 119–133, hier S. 132) gelangt jedoch zu dem Schluss, „dass gängige ökonomische Argumente eher dagegen als dafür sprechen, dass die Einführung eines variablen Zuschlags der Länder zur Einkommensteuer das wirtschaftliche Gefälle zwischen ‚reichen‘ und ‚armen‘ Bundesländern verstärken".

übernommen würde[29]. Beim letzten Punkt ist mit der Übernahme der Grundsicherung im Alter und bei Erwerbsminderung durch den Bund bereits 2011 eine zentrale Maßnahme eingeleitet worden.

[29] Vgl. Hansmann, Einnahmenproblem, S. 241 f.

VIII. Ausblick

Der Staatsbankrott, der bis zur Mitte des 20. Jahrhunderts auch in Europa ein bekanntes Phänomen war, erlebt spätestens mit der aktuellen EU-Schuldenkrise eine höchst brisante Renaissance. Die sogenannten PIGS – Portugal, Italien, Griechenland und Spanien – versuchen seit einiger Zeit verzweifelt, die Insolvenz zu vermeiden. Sie schnüren harte Sparpakete, die insbesondere in Griechenland und Spanien zu heftigen Protesten führen. Die Finanzmärkte beruhigt das jedoch nicht. In unregelmäßigen Abständen stufen die Ratingagenturen die Kreditwürdigkeit der Südländer herab, so dass der Zinssatz für die Schuldenaufnahme immer weiter steigt. Massive Unterstützung kommt von der EU, die Kredite in kaum vorstellbarer Höhe vergibt. Die Europäische Zentralbank kauft in großem Stil Staatsanleihen auf, was aus der Sicht einer stabilitätsorientierten Geldpolitik einem Tabubruch gleichkommt. Nun werden Eurobonds diskutiert. Nicht mehr der einzelne Nationalstaat nähme dann Kredite auf, sondern die EU. Für die Südländer wäre das eine deutliche Entlastung, während Deutschland deutlich höhere Zinsen zahlen müsste. Die Anreizwirkung wäre verheerend: Unseriöse Finanzpolitik hätte überhaupt keine Folgen mehr. Das erklärte Ziel dieser Maßnahmen besteht darin, den Euro zu retten; denn niemand kann mit Sicherheit sagen, was passiert, wenn beispielsweise Griechenland zahlungsunfähig wird. Die Situation erinnert an das Goldstandard-Regime der Zwischenkriegszeit: seine Wiedereinführung in den 1920er Jahren, obwohl die ökonomischen Grundlagen dafür nicht mehr gegeben waren, die nachfolgende Missachtung der finanz- und geltpolitischen Spielregeln und das lange Festhalten daran in der Weltwirtschaftskrise[1]. Da der Euro ein politisches Projekt ist, wird die Politik solange an ihm festhalten wie irgend möglich. Es zeigt sich aber mehr und mehr, dass in einer Währungsunion, die ein wirtschaftlich sehr heterogenes Gebiet umfasst, die Zentrifugalkräfte enorm groß sind und möglicherweise auch zu groß werden können.

Nicht nur die Euro-Staaten taumeln in eine Schuldenkrise, sondern auch die USA. Demokaten und Republikaner stehen sich unversöhnlich gegenüber. Die Anhänger der *Tea-Party*-Bewegung wollen dem Staat keine

---

[1] Vgl. Barry Eichengreen/Peter Temin, The Gold Standard and the Great Depression, in: Contemporary European History 9 (2000), S. 183–207, sowie Liaquad Ahamed, Lords of Finance. 1929, The Great Depression and the Bankers who broke the World, London 2009.

Kredite mehr genehmigen, um ihn damit zu beschneiden. Erst in letzter Minute gelang im Juli 2010 ein Kompromiss, der die weitere Finanzierung der Staatsaufgaben sicherstellte. Die politischen Streitereien und die stark steigende Verschuldung führten allerdings dazu, dass eine Ratingagentur die Bonität der USA herunterstufte. Das gleiche passierte Japan, dem mit Abstand am höchsten verschuldeten Industrieland. In absehbarer Zeit könnte das dazu führen, dass beide Länder einen Risikoaufschlag zahlen müssen. Ebenso gravierend ist, dass eine Schuldenquote von mehr als 90 Prozent das Wirtschaftswachstum schwächt[2]. Das trifft vor allem Japan, dessen Verschuldung mittlerweile bei über 200 Prozent seiner Wirtschaftsleistung liegt, mittelfristig aber auch die USA.

Deutschland scheint 2010/11 überaus gut dazustehen. Das Wirtschaftswachstum ist hoch, die Maastrichtkriterien können bei der Neuverschuldung eingehalten werden, so dass die Schuldenquote sogar sinkt. Deutsche Staatsanleihen gelten als sicherer Hafen und sind so gefragt wie nie. Doch diese Sicherheit ist trügerisch. Für die Exportnation sind die weltwirtschaftlichen Risiken groß, so dass die positive konjunkturelle Entwicklung schnell ein Ende haben kann. Selbst wenn die Euro-Rettung gelingt, bleiben riesige Schuldenberge zurück, die den Bundeshaushalt stark belasten werden. Das Problem der Staatsverschuldung verschärft sich noch durch die demographische Entwicklung. Zukünftig verteilen sich der Kapitaldienst und die Steuerlast auf immer weniger Erwerbstätige, die immer mehr Rentner finanzieren müssen. Während die Ausgaben für Renten und Gesundheit in den nächsten Jahren steigen werden, schrumpft die Steuerbasis. Wenn zu dieser gefährlichen Zangenbewegung ein deutlich steigendes Zinsniveau hinzu kommt, sind die öffentlichen Finanzen weit vom Prinzip der Nachhaltigkeit entfernt.

In Deutschland wie in anderen Staaten nährt sich die Verschuldung mittlerweile aus sich selbst heraus. Mit der Neuverschuldung werden in der Regel nur Zinsen und Tilgung bezahlt. Insofern schränkt die Schuldenpolitik der vergangenen Jahrzehnte die aktuellen Handlungsspielräume erheblich ein. Einmal mehr zeigt sich, dass es „Schulden ohne Sühne"[3] nicht geben kann. Vorsichtig wertend formuliert Friedrich Wilhelm Henning: „Die historische Perspektive der Staatsfinanzen zeigt, daß jede Generation ihre Probleme gehabt hat, daß aber keineswegs jede Generation in der Lage war,

---

[2] Vgl. Carmen M. Reinhart/Kenneth S. Rogoff, Growth in Time of Debt, Cambridge/Mass. 2010 (NBER Working Paper 15639).
[3] Konrad/Zschäpitz, Schulden ohne Sühne?

ihre Probleme zu lösen."[4] Im Grunde bedeuten die beiden deutschen Staatsbankrotte in der ersten Hälfte des 20. Jahrhunderts und die seit den 1970er
Jahren stark ansteigende Staatsverschuldung, dass mindestens drei Generationen finanzpolitisch versagt haben.

Droht in Zukunft ein dritter deutscher Staatsbankrott? Wird also auch
die nächste Generation versagen? Hatte Adam Smith recht, als er in seinem
„Wohlstand der Nationen" urteilte, dass das „Anwachsen der ungeheuren
Schulden [...] alle Staaten Europas [...] mit der Zeit wahrscheinlich zugrunde
richten werde"[5]? An Warnungen hat es in der Tat nie gemangelt. Für Karl
Marx war die Staatsverschuldung nichts anderes als die „Veräußerung des
Staates"[6], während David Ricardo von „einer der schrecklichsten Geißeln"
sprach, „die je zur Plage der Nation erfunden wurde"[7]. Doch schon 1840
warnte der britische Historiker und Politiker Lord Thomas Babington
Macaulay vor übertriebener Panik:

> „Noch zu jeder Zeit hat das Wachsen der Staatsschuld die Nation in dasselbe Ge-
> schrei von Furcht und Verzweiflung ausbrechen lassen, und noch jedesmal haben
> kluge Leute dazu geweissagt, daß Bankrott und Ruin vor der Tür stünden. Die
> Staatsschuld wuchs weiter, und Bankrott und Ruin blieben wie immer aus ..."[8]

In der Tat wähnen selbst ernannte Propheten den deutschen Staat seit Jahrzehnten kurz vor dem Bankrott[9]. Wahrscheinlicher als ein förmlicher Bankrott ist eine Schuldenfalle, die die öffentlichen Finanzen und damit den gesamten Staat paralysiert.

Hingegen sind Staatsbankrotte auch im Euro-Raum durchaus wahrscheinlich. Statt immer höhere Geldbeträge in die bedrohten Staaten zu
pumpen, wäre es sinnvoll, zumindest innerhalb der EU ein geregeltes Verfahren für Staateninsolvenzen zu schaffen. Dadurch könnten die negativen
Folgen eines ungeordneten Bankrotts vermieden werden. Ein solches Verfahren wäre zugleich eine weit wirkungsvollere Schuldenbremse als jede
rechtliche Schuldenverbotsregel, die im Zweifelfall missachtet wird. Die

---

[4] Henning, Staatsfinanzen in historischer Perspektive, S. 65.
[5] Adam Smith, Der Wohlstand der Nationen, S. 1012.
[6] Karl Marx, Das Kapital, Bd. 1, Berlin [30]1986, S. 782.
[7] David Ricardo, Essay on the Funding System, in: Supplement to Enyclopedia Bri-
tannica, London [4]1820, abgedruckt in: John Ramsay McCulloch (Hrsg.), The Works
of David Ricardo, London 1888, S. 513–548, hier S. 546.
[8] Zit. nach Staatsverschuldung. Strategie 2030 – Vermögen und Leben in der nächsten
Generation, hrsg. vom Hamburgischen Weltwirtschafts-Institut und der Berenberg
Bank, Hamburg 2009, S. 3.
[9] Vgl. beispielsweise Paul C. Martin, Wann kommt der Staatsbankrott, München 1983.

Regierungen würden vermutlich alles tun, um eine Insolvenz zu vermeiden, so dass ein starker Anreiz für eine seriöse Finanzpolitik bestände.

Staatsbankrott wurde einleitend als einseitige Einstellung – teilweise oder vollständig – des Schuldendiensts definiert. Was ist daran eigentlich so schlimm? Die Gläubiger an der Sanierung zu beteiligen, ist aus ökonomischer Sicht kein verwerflicher Vorgang. Dass dies in der Öffentlichkeit anders dargestellt wird, hat viel mit Interessenpolitik zu tun: Es sind vor allem die Banken, die bei einem Staatsbankrott verlieren würden. Die Geschichte gibt zwar keine Handlungsanweisungen, lehrt aber Gelassenheit. Ein Staatsbankrott führt keineswegs zwangsläufig zum Untergang der staatlichen Ordnung. Die griechische und spanische Geschichte sind beste Beispiele dafür.

IX. Kommentierte Auswahlbibliographie

1. Finanzgeschichte – übergreifend

Die Volkswirte Carmen M. Reinhart und Kenneth S. Rogoff (This Time Is Different. Eight Centuries of Financial Folly, Princeton/Oxford 2009) haben ein meisterhaftes Werk über die Geschichte der Staatsbankrotte und Finanzkrisen veröffentlicht. Es bestätigt, wie fruchtbar der Blick in die Geschichte auch für die Volkswirtschaftslehre ist. Das Buch liegt mittlerweile auch in deutscher Übersetzung vor.

Über die beiden deutschen Staatsbankrotte in der ersten Hälfte des 20. Jahrhunderts hat Carl-Ludwig Holtfrerich einen instruktiven Aufsatz verfasst: Bewältigung der deutschen Staatsbankrotte 1918 und 1945, in: Erhard Kantzenbach (Hrsg.), Staatsüberschuldung. Referate gehalten auf dem Symposium der Joachim Jungius-Gesellschaft der Wissenschaften Hamburg am 9. und 10. Februar 1996, Göttingen 1996, S. 27–57.

Die einzige Überblicksdarstellung zur deutschen Finanzgeschichte stammt von Hans-Peter Ullmann (Der deutsche Steuerstaat. Geschichte der öffentlichen Finanzen, München 2005). Das Buch des Finanzhistorikers ist überaus lesenswert und für eine vertiefende Lektüre des Themas unbedingt zu empfehlen.

Einen kurzen und prägnanten Überblick bietet: Friedrich-Wilhelm Henning, Staatsfinanzen in historischer Perspektive, in: Klaus-Dirk Henke (Hrsg.), Zur Zukunft der Staatsfinanzierung, Baden-Baden 1999, S. 35–71.

2. Steuern und Finanzgeschichte

Zur Geschichte der Steuern sind zwei Sammelbände mit einer Reihe von guten Beiträgen zu empfehlen: Uwe Schultz (Hrsg.), Mit dem Zehnten fing es an. Eine Kulturgeschichte der Steuer, München 1986, S. 232–244, sowie Eckart Schremmer (Hrsg.), Steuern, Abgaben und Dienste vom Mittelalter bis zur Gegenwart, Stuttgart 1994.

Einen gerafften Überblick über 80 Jahre Steuerpolitik gibt Volker Hentschel, Steuersystem und Steuerpolitik in Deutschland 1890–1970, in: Werner Conze/M. Rainer Lepsius (Hrsg.), Sozialgeschichte der Bundesrepublik Deutschland. Beiträge zum Kontinuitätsproblem, Stuttgart [2]1985, S. 256–295.

Anschaulich und mit vielen historischen Bezügen sind die Bücher der Steuerjuristen Paul Kirchhof (Der sanfte Verlust der Freiheit. Für ein neues

Steuerrecht – klar, verständlich, gerecht, München/Wien 2004) und Klaus Tipke (Ein Ende dem Einkommensteuerwirrwarr!? Rechtsreform statt Stimmenfangpolitik, Köln 2006).

3. Sozialstaat und Finanzgeschichte

Wer sich über die Geschichte des Sozialstaats informieren möchte, sollte sich in erster Linie an Hans Günter Hockerts halten. Jüngst ist ein Sammelband erschienen, in dem viele seiner Aufsätze wieder abgedruckt wurden: Hans Günter Hockerts, Der deutsche Sozialstaat. Entfaltung und Gefährdung seit 1945, Göttingen 2011.

Eine gute Einführung in die komplexe Materie bieten Gerhard A. Ritter (Der Sozialstaat. Entstehung und Entwicklung im internationalen Vergleich, München 3., um einen Essay ergänzte Aufl. 2010) und Manfred G. Schmidt (Sozialpolitik in Deutschland. Historische Entwicklung und internationaler Vergleich, Wiesbaden [3]2005).

Zwei neuere Sammelbände vereinen eine Vielzahl von relevanten Beiträgen zur Geschichte und aktuellen Situation des deutschen Sozialstaats: Ulrich Becker/Hans Günter Hockerts/Klaus Tenfelde (Hrsg.), Sozialstaat Deutschland. Geschichte und Gegenwart, Bonn 2010, und Friedhelm Boll/Anja Kruke (Hrsg.), Der Sozialstaat in der Krise. Deutschland im internationalen Vergleich, Bonn 2008.

Überaus detailliert ist die vom Bundesministerium für Arbeit und Sozialordnung und vom Bundesarchiv herausgegebene, elfbändige Reihe zur Geschichte der Sozialpolitik in Deutschland seit 1945.

4. Föderalismus und Finanzgeschichte

Den besten Überblick über die Geschichte des Fiskalföderalismus geben Karl-Heinrich Hansmeyer und Manfred Kops in ihrem Aufsatz: Die wechselnde Bedeutung der Länder in der deutschen Finanzverfassung seit 1871, in: Blätter für deutsche Landesgeschichte 125 (1989), S. 63–85.

Ebenfalls lesenswert sind die Beiträge in dem von Hans-Georg Wehling herausgegebenen Band: Die deutschen Länder. Geschichte, Politik, Wirtschaft, Wiesbaden [3]2004, S. 337–354.

Für die Geschichte der Bonner Republik sei verwiesen auf: Wolfgang Renzsch, Finanzverfassung und Finanzausgleich. Die Auseinandersetzungen um ihre politische Gestaltung in der Bundesrepublik Deutschland zwischen Währungsreform und deutscher Vereinigung (1948–1990), Bonn 1991.

Eine Einführung in die Geschichte der Kommunalfinanzen gibt Hermann Elsner, Das Gemeindefinanzsystem. Geschichte, Ideen, Grundlagen, Köln 1979.

5. Etappen der Finanzgeschichte

1871 bis 1913: Das Standardwerk zur Finanzgeschichte des Kaiserreichs ist zwar schon über 40 Jahre alt, aber immer noch unübertroffen: Peter-Christian Witt, Die Finanzpolitik des Deutschen Reiches von 1903 bis 1913. Eine Studie zur Innenpolitik des Wilhelminischen Deutschland, Lübeck/Hamburg 1970.

Vor fast 100 Jahren erschien die Monographie des Nationalökonomen Wilhelm Gerloff (Die Finanz- und Zollpolitik des Deutschen Reiches nebst ihren Beziehungen zu Landes- und Gemeindefinanzen von der Gründung des Norddeutschen Bundes bis zur Gegenwart, Jena 1913), die bis heute eine unverzichtbare Lektüre zum Thema Finanzpolitik zwischen 1871 und 1913 darstellt.

1914 bis 1918: Das grundlegende Werk zur Finanzierung des Ersten Weltkriegs stammt von Konrad Roesler (Die Finanzpolitik des Deutschen Reiches im Ersten Weltkrieg, Berlin 1967).

Eine guten Überblick bietet Manfred Zeidlers Aufsatz: Die deutsche Kriegsfinanzierung 1914 bis 1918 und ihre Folgen, in: Wolfgang Michalka (Hrsg.), Der Erste Weltkrieg. Wirkung, Wahrnehmung, Analyse, München/Zürich 1994, S. 415–433.

Niall Ferguson, einer der bekanntesten angelsächsischen Historiker, neigt zu provokanten Thesen. Das bestätigt sein Buch „Der falsche Krieg. Der Erste Weltkrieg und das 20. Jahrhundert" (München [2]2002), in dem er auch ausführlich auf die Finanzpolitik eingeht.

1919 bis 1929: Den besten Überblick über die Inflationszeit gibt: Carl-Ludwig Holtfrerich, Die deutsche Inflation 1914–1923. Ursachen und Folgen in internationaler Perspektive, Berlin/New York 1980.

Lesenswert ist auch der Beitrag von Peter-Christian Witt, Die Auswirkungen der Inflation auf die Finanzpolitik des Deutschen Reiches 1924–1935, in: Gerald D. Feldman (Hrsg.), Die Nachwirkungen der Inflation auf die deutsche Geschichte 1924–933, München 1985, S. 43–95.

1930 bis 1932: Die Finanzpolitik in der Weltwirtschaftskrise ist wohl das am besten erforschte Thema der deutschen Finanzgeschichte des 20. Jahrhunderts. Trotzdem oder gerade deswegen ist es nicht leicht, einen Überblick über die einschlägige Literatur zu bekommen. Die Bewertung der Deflationspolitik ist bis heute umstritten. Auch aus aktuellen Gründen ist es lohnenswert, sich tiefer in diese Kontroverse einzulesen. Die wichtigsten Beiträge stammen von Knut Borchardt (Wachstum, Krisen und Handlungsspielräume der Wirtschaftspolitik. Studien zur Wirtschaftsgeschichte des 19. und 20. Jahrhunderts, Göttingen 1982) und Carl-Ludwig Holtfrerich, (Alternativen zu Brünings Wirtschaftspolitik in der Weltwirtschaftskrise?, in: HZ 235 (1982), S. 605–631, und Zu hohe Löhne in Weimar?, in: GuG 10 (1984), S. 122–141). Einen guten Überblick geben Harold James (The German Slump. Politics and Economics 1924–1936, Oxford 1986) und Theodore Balderston, Economics and Politics in the Weimar Republic, Cambridge 2002.

1933 bis 1945: Vertiefende Informationen zur nationalsozialistischen Finanzpolitik finden sich bei: Willi A. Boelcke, Die Finanzpolitik des Dritten Reiches. Eine Darstellung in Grundzügen, in: Karl Dietrich Bracher/Manfred Funke/Hans-Adolf Jacobsen (Hrsg.), Deutschland 1933–1945. Neue Studien zur nationalsozialistischen Herrschaft, Bonn 1992, S. 95–117, und Friedrich-Wilhelm Henning, Die nationalsozialistische Steuerpolitik. Programm, Ziele und Wirklichkeit, in: Eckhart Schremmer (Hrsg.), Steuern, Abgaben und Dienste vom Mittelalter bis zur Gegenwart, Stuttgart 1994, S. 197–211.

1949 bis 1969: Die Finanzpolitik der ersten beiden Nachkriegsjahrzehnte ist wenig erforscht. Lesenswert sind: Gerold Ambrosius, Staatsausgaben und Staatsquoten in der Bundesrepublik in den 50er Jahren. Ihre Einflußfaktoren im internationalen Vergleich, in: Dietmar Petzina (Hrsg.), Ordnungspolitische Weichenstellungen nach dem Zweiten Weltkrieg, Berlin 1991, S. 31–53, und Jutta Muscheid, Die Steuerpolitik in der Bundesrepublik Deutschland 1949–1982, Berlin 1986.

1970 bis 1982: Die Finanzpolitik der sozialliberalen Koalition wird in der Wissenschaft überwiegend kritisch betrachtet. Dies zeigen etwa der prägnante Aufsatz von Thilo Sarrazin, Die Finanzpolitik des Bundes 1970–1982. Eine kritische Würdigung, in: Finanzarchiv 41 (1983), S. 373–387, sowie Harald Scherf, Enttäuschte Hoffnungen – vergebene Chancen. Die Wirtschaftspolitik der Sozial-Liberalen Koalition 1969–1982, Göttingen 1986.

Claus-Martin Gaul (Konjunkturprogramme in der Geschichte der Bundesrepublik Deutschland: Einordnung und Bewertung der Globalsteuerung von 1967 bis 1982, Berlin 2009; www.bundestag.de/dokumente/analysen/

2009/konjunkturprogramme.pdf) gibt einen guten Überblick über die Konjunkturpolitik der 1970er Jahre.

Zur Einordnung der Finanzpolitik in die schwierigen Rahmenbedingungen der 1970er Jahre eignen sich: Anselm Doering-Manteuffel/Lutz Raphael, Nach dem Boom. Perspektiven auf die Zeitgeschichte seit 1970, Göttingen ^{2}2010, und Konrad H. Jarausch (Hrsg.), Das Ende der Zuversicht. Die siebziger Jahre als Geschichte, Göttingen 2008.

1983 bis 1998: Eine prägnante Darstellung mit ausgewogener Wertung gibt Ulrich Suntum (Finanzpolitik in der Ära Stoltenberg, Bochum 1989). Die kritische Einstellung der Wissenschaft zur Finanzierung der deutschen Einheit wird unter anderem in der umfangreichen Monographie von Gerhard A. Ritter (Der Preis der deutschen Einheit. Die Wiedervereinigung und die Krise des Sozialstaats, München 2., erweiterte Aufl. 2007) deutlich. Ein fundierter Überblick findet sich auch bei Florian Zinsmeister (Die Finanzierung der deutschen Einheit. Zum Umgang mit den Schuldlasten der Wiedervereinigung, in: Vierteljahrshefte zur Wirtschaftsforschung 78 (2009), S. 146– 160), und bei Reimut Zohlnhöfer (Der lange Schatten der schönen Illusion: Finanzpolitik nach der deutschen Einheit, 1990–1998, in: Leviathan 28 (2000), S. 14–38).

1999–2010: Die einschlägigen Beiträge in den von Christoph Egle und Reimut Zohlnhöfer herausgegebenen Sammelbänden eignen sich gut, um die finanzpolitischen Problemlagen der letzten 10 Jahre zu reflektieren: Ende des rot-grünen Projekts. Eine Bilanz der Regierung Schröder 2002– 2005, Wiesbaden 2007, S. 241–270, sowie Die zweite Große Koalition. Eine Bilanz der Regierung Merkel 2005–2009, Wiesbaden 2010, S. 234–253.

Reimut Zohlnhöfer ist einer der wenigen Politikwissenschaftler, der sich schwerpunktmäßig mit Finanzpolitik beschäftigt; genannt sei an dieser Stelle nur seine Studie „Globalisierung der Wirtschaft und finanzpolitische Anpassungsreaktionen in Westeuropa" (Baden-Baden 2009).

Abkürzungen

AG	Aktiengesellschaft
ALG	Arbeitslosengeld
APuZ	Aus Politik und Zeitgeschichte
Bearb.	Bearbeiter, bearbeitet
BGBl.	Bundesgesetzblatt
BHO	Bundeshaushaltsordnung
BIP	Bruttoinlandsprodukt
BMF	Bundesministerium der Finanzen
BSP	Bruttosozialprodukt
CDU	Christlich-Demokratische Union
CEPR	Centre for Economic Policy Research
CSU	Christlich-Soziale Union
DDR	Deutsche Demokratische Republik
DM	Deutsche Mark
EG	Europäische Gemeinschaft
ESM	Europäischer Stabilisierungsmechanismus
EstG	Einkommensteuergesetz
EU	Europäische Union
FDP	Freie Demokratische Partei
GO	Gemeindeordnung
GuG	Geschichte und Gesellschaft
Hrsg.	Herausgeber, herausgegeben
HZ	Historische Zeitschrift
IWG	Institut für Wirtschaft und Gesellschaft
Mrd.	Milliarden
NBER	National Bureau of Economic Research
NRW	Nordrhein-Westfalen
NS	Nationalsozialismus, nationalsozialistisch
NSP	Nettosozialprodukt
OECD	Organisation for Economic Co-operation and Development
PISA	Programme for International Student Assessment
PVS	Politische Vierteljahresschrift
RGBl.	Reichsgesetzblatt
SPD	Sozialdemokratische Partei Deutschlands
US(A)	United States (of America)
VfZ	Vierteljahrshefte für Zeitgeschichte

v.H.	von Hundert
ZfParl	Zeitschrift für Parlamentsfragen
ZfU	Zeitschrift für Unternehmensgeschichte

Oldenbourg Verlag

Ein Wissenschaftsverlag der
Oldenbourg Gruppe

Udo Wengst (Hrsg.)

Reform und Revolte

*Politischer und gesellschaftlicher Wandel in der
Bundesrepublik Deutschland vor und nach 1968*

2011 | 126 S. | broschiert | € 16,80
ISBN 978-3-486-70404-4

Zeitgeschichte im Gespräch, Bd. 12

»1968« - kaum ein anderes Thema der Zeitgeschichte löst so viele
Emotionen aus. Für die einen waren die protestierenden Studenten
das Symbol für die »Umgründung« der Bundesrepublik, während
die anderen Niedergang und Instabilität fürchteten. Dieser Band
stellt die Ereignisse von »1968« in einen größeren Zusammenhang
und fragt danach, ob die Revolte aus Veränderungsprozessen
resultierte, die bereits seit langem im Gange waren, oder ob sie
den Reformschub erst ausgelöst hat, der die Gesellschaft prägen
sollte. Dabei kommen Projekte wie die Zivildienst- und Hoch-
schulreform zur Sprache, die Debatten um ein neues Verhältnis
zur Dritten Welt und schließlich die städtische Kulturpolitik und
die Emanzipation der Frau.

Hans Günter Hockerts, Winfried Süß (Hrsg.)

Soziale Ungleichheit
im Sozialstaat

*Die Bundesrepublik Deutschland und
Großbritannien im Vergleich*

2010 | 139 S. | broschiert | € 16,80
ISBN 978-3-486-59176-7

Zeitgeschichte im Gespräch, Bd. 8

 *Das Buch bietet auf knappem Raum sowohl solide Überblicke für
ausgewählte Themenbereiche als auch Denkanstöße für die weitere
Forschung. Peter Kramper in H-Soz-u-Kult*

Bestellen Sie in Ihrer Fachbuchhandlung
oder direkt bei uns: Tel: 089/45051-248
Fax: 089/45051-333 | verkauf@oldenbourg.de   **www.oldenbourg-verlag.de**

Zeitgeschichte im Gespräch

Band 11
Der KSZE-Prozess
Vom Kalten Krieg zu einem
neuen Europa 1975–1990
H. Altrichter, H. Wentker (Hrsg.)
2011. 128 S. € 16,80
ISBN 978-3-486-59807-0

Band 12
Reform und Revolte
Politischer und gesellschaftlicher
Wandel in der Bundesrepublik
Deutschland vor und nach 1968
U. Wengst (Hrsg.)
2011. 126 S. € 16,80
ISBN 978-3-486-70404-4